THE IDEA MAKER
アイデア・メーカー

今までにない発想を生み出しビジネスモデルを設計する教科書&問題集

山口 高弘 著

東洋経済新報社

テーマを決めれば 本書を使って **ビジネスモデルが** **生み出せる！**	解説を読み、 **シートを埋めていけば、** アイデアが生まれ、 **ビジネスモデルが** **設計できる**
アントレプレナーであれ、 **イントラプレナー**であれ、 **事業を創り出す人**になれ！	常識を疑い、 **新たなアイデアを** **生み出す**ことが 求められている

はじめに

　1998年の情報検索革命、2007年のソーシャル革命。この2つの革命によって人々は世界中のほとんどすべての情報をウェブ検索により手に入れることができるようになり、さらには、互いにソーシャルメディアを通じて情報を瞬時に共有し合うようになりました。
　個人がイノベーションを起こすために必要なリソースが集まりやすい環境が整いました。

　必要となるのも、MBA型の管理・分析を中心としたスキルよりも、0から1を生む力、つまりイノベーターとして求められるスキルが望まれるようになっています。

　自分で考え、現状を革新し、自分で自らの人生に対する優れたアイデアを考え、カタチにし、人生を創っていくスキルです。自分の未来は自分で切り拓く――そういう状況に直面しているのです。
　イノベーションに結びつく思考法とスキルを身につけるために執筆したのが本書です。アイデア発想法とビジネスモデル設計スキルの、単なる教科書ではありません。実践をしながら、発想法とスキルを身につけてもらうようにつくられています。

ワークシートのサンプル

解説を読んで「やり方を知ってもらう」だけではなく、本書に書かれていることを実践すれば、「アイデア、ビジネスモデルができ上がる」ということを読者のあなた自身が実感できる設計にしてあります。具体的には、本書は「解説＋ワークシート」をセットで用意しています。解説を読み、ワークシートに取り組むことで、アイデアを創り出し、それをビジネスモデルに仕上げることができるのです。そして、このワークシートを繰り返し使うと、**アイデアとビジネスモデルを創り出す「型」が身につくようになっています。イノベーターになるための「教科書＆問題集」という設計になっているのが本書の特徴です。**

　ところで、あなたはイノベーターというと誰を思い浮かべるでしょうか。
　私は次の尊敬する9人を思い浮かべます。
　イーロン・マスク氏、盛田昭夫氏、夏野剛氏、サーゲイ・ブリン氏、玉樹真一郎氏、スティーブ・ジョブズ氏、久夛良木健氏、椎橋章夫氏、マーク・ザッカーバーグ氏。
　この9人のイノベーターと呼ばれる事業家は、2つに分けることができます。

　米国人と日本人？　もちろん違います。それは、アントレプレナー（起業家）とイントラプレナー（社内起業家）です。
　ペイパル、テスラモーターズをはじめ、複数のイノベーションを実現しているイーロン・マスク氏、ソニー創業者の盛田昭夫氏、Google創業者のサーゲイ・ブリン氏、アップル創業者のスティーブ・ジョブズ氏、フェイスブック創業者のマーク・ザッカーバーグ氏は、組織に属さず事業を創り出してきました。
　夏野剛氏はNTTドコモにおいてi-modeの開発を、玉樹真一郎氏は任天堂においてWiiの開発を、久夛良木健氏は社内ベンチャーから始まったソニー・コンピュータエンタテインメントでプレイステーションの開発を、椎橋章夫氏はJR東日本においてSuicaの開発を主導しています。

　イノベーターという言葉からは、すぐに、創業者、アントレプレナーを連想する方も多いかもしれませんが、社内起業家、イントラプレナーという、組織に属しながらイノベーターとして活躍するという道もあるのです。
　そして、企業は生き残るために、イントラプレナーたちの力を必要としています。

多くの企業が、**「今までにないもの」**を必死で生み出そうとしています。いや、正確には、生み出さなくては「死んでしまう」のです。その担い手であるイントラプレナーの出現を待ち望んでいます。

　かつて、日本企業は「欧米に追いつけ、追い越せ」を標語に掲げて、欧米の商品に学び、さらにそれを改良・改善することを通して、より優れたプロダクトをつくり、それらを市場に普及させ、市場シェアを上げていきました。

　しかしながら、人々の生活に必要な商品がひと通り出回り、それらの性能が上がった今、さらなる改善によって消費者が飛びつきたくなるような商品を生み出すことは企業にとって困難になりました。

　そのような状況下では、企業は「新しい商品」を創ることを求められるのは当然であり、その商品は新しい成長ドライバーとなることが期待されます。さらにそれは誰もが創っていないような、きっと「今までにないもの」であり、すぐにはその商品の意味合いがわからないほど新しいものです。

　今までの常識にとらわれないような商品・サービスを提供していく、事業そのものを創る、変化に適応する企業こそが生き残る、そんな時代がきているのです。

　企業も、個人も、今までの常識・スキルに頼ることはできません。イノベーターになるための「教科書＆問題集」である本書を読んで、ぜひとも発想法とビジネスモデル設計のスキルを身につけてほしいのです。アントレプレナー志向であっても、イントラプレナー志向であっても、どちらの方にも役に立ちます。再現性のある形で、**「事業を創り出す」**という能力が身につきます。学生のみなさんも、人ごとではありません。事業を創り出す人になるために、今から準備を始めてみましょう。

2014年12月

山口高弘

CONTENTS

| 003 | はじめに |

011	**INTRODUCTION**
	アイデア・ジェネレーション
012	01　個人のアイデアがイノベーションを起こす
013	02　家でも、学校でも、教えてくれない発想の仕方
015	03　アイデア出しにセンスも特別な環境もいらない
017	04　「わけがわからない」ものを創る勇気をもつ
018	05　共感、客観、実現性で反対を乗り越える
019	06　新たな経験と解決策をもたらすイノベーション
020	07　ビジネスモデル＝アイデアを届け、おカネに換える仕組み
021	08　アイデアからビジネスモデルまで一気通貫

| 023 | **PART1** |
| | **アイデア・インキュベーション** |

025	**CHAPTER1**
	目的を見つける
026	01　実在の1人の発見
029	02　不満の発見、そして共感
032	03　矛盾の発見
036	04　ユーザーの声を聞く
039	05　目的を定義する

043	**CHAPTER2**
	アイデアを考える
044	01　アイデアの部品を見つける

048	02	エッセンス（提供価値）を抽出する
051	03	エッセンスを統合してアイデアを創る
055	04	アイデアを壊す
060	05	アイデアを決める

063 CHAPTER3
アイデアを試す

064	01	プロトタイプを創る
068	02	ユーザーに試してもらう

071 CHAPTER4
アイデアを完成させる

072	01	アイデアの修正点を明らかにする
075	02	アイデアを完成させる

079 PART2
ビジネスモデル・インキュベーション

080　Attention!　プラットフォーム化するビジネスモデル

085 CHAPTER5
プロフィットモデルを創る

086	01	プロフィットモデルを構築するための8つの型

091 CHAPTER6
デリバリーモデルを創る

092　Attention!　アイデアの価値を顧客にどのように伝えるか、届けるか

093	01	サービスを設計する

097	02	チャネルを設計する
101	03	プロモーションを設計する
104	04	リテンションを設計する

CHAPTER7
キュレーションモデルを創る

110	01	ビジネスプロセスを設計する
113	02	自社リソースを設計する
115	03	パートナーを設計する

PART3
アイデア創造の実践

LESSON1　テーマを明らかにする

122	01	きっかけとなる問題意識に注目する

LESSON2　目的を見つける

124	01	実在の1人を発見する
127	02	経験を理解する
130	03	不満を見つける
132	04	矛盾を見つける
134	05	ユーザーの声を聞く
137	06	目的を定義する

LESSON3　アイデアを考える

139	01	アイデアの部品を見つける
141	02	エッセンスを抽出する
143	03	エッセンスを統合してアイデアを創る
147	04	アイデアを壊す
151	05	アイデアを決める

	LESSON4 アイデアを試す
154	01　プロトタイプを創る
157	02　ユーザーに試してもらう

	LESSON5 アイデアを完成させる
160	01　アイデアを修正し、完成させる

	LESSON6 ビジネスの急拡大をねらう
163	01　プラットフォームビジネスモデルを模索する

	LESSON7 プロフィットモデルを創る
168	01　プロフィットモデルを構築する

	LESSON8 デリバリーモデルを創る
173	01　サービスを設計する
178	02　チャネルを設計する
183	03　プロモーションを設計する
188	04　リテンションを設計する

	LESSON9 キュレーションモデルを創る
193	01　ビジネスプロセスを設計する
198	02　自社リソースを設計する
203	03　パートナーを設計する

	LESSON10 ビジネスモデルの全体像を描く
208	01　ビジネスモデルを完成させる

211	おわりに
215	資料提供・協力

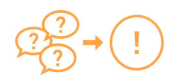

INTRODUCTION

アイデア・ジェネレーション

実は、アイデアの出し方は誰にも教わっていない。
アイデアの本質を掘り起こしながら、発想を高めるための準備を行う。

01 個人のアイデアが イノベーションを起こす

"あなたが主役"の時代が始まる

イノベーションはすべて個人のアイデアから始まります。

そんな言葉を聞いても、多くの人は「イノベーションは大きな組織がなければできないのではないか」「アイデアは思いつけるかもしれないけれど、そこから先には進めないと思う」、そう考えてしまいがちです。

しかしながら、これらのことは真実ではありません。今ほど個人のアイデアからイノベーションが創り出されるようになった時代はありません。

たしかに少し前までは、個人がイノベーションを起こすのは難しかったでしょう。しかし、時代は変わり、イノベーションを起こすために必要なリソースが集まりやすくなりつつあります。特に大きな変化を2つご紹介すれば、1998年の情報検索革命と2007年のソーシャル革命です。まず、検索革命とは、「Googleによって世界中のほとんどすべての情報が検索可能になりつつある」ということを指しています。次のソーシャル革命とは、Facebookによって専門家以外の個人が情報を発信し、共有(シェア)し合うようになったことを指しています。

これらの2つの革命は情報収集のあり方を変えました。わたしたち個人が「専門家から得る情報」と、「個人から得る情報」のいずれもが手に入るようになったことを意味し、2つの革命前とはもっている情報量が明らかに異なります。これまで「知らない」「わからない」で済まされていたことを素早く理解することができるようになりました。

同時に、アイデアを生み出すのに必要な情報にも瞬時にアクセスできるだけでなく、アイデアさえあればリソースの調達も可能なのです。人・モノ・カネのリソースを手に入れる十分な環境が整ったといえます。

例えば、大企業ではありますが、イノベーションと聞いて、誰もが思い浮かべる有名な企業Appleは、工場をもっていません。行っていることはコンセプト創りとプロダクト・サービスのデザインです。大切なことなので、あえていいます。

個人がイノベーションを生むための条件はすべて整っています。

これまで繰り返しいわれてきた、アイデアが生まれなかった言い訳、アイデアを実現できなかった言い訳はもう通用しないのです。わたしたちには、あらゆる情報が集まり、そして膨大な情報があるがゆえに、アイデアを生み出すことができるようになりつつあります。さらにいえば、アイデア実現に必要なリソースも集めやすい環境が十分にでき上がっています。さあ、「あなたが主役」の時代が始まります。

02 家でも、学校でも、教えてくれない発想の仕方

「我流」のアイデアの出し方から脱却する

　アイデアが大事といいましたが、わたしからみなさんにひと言お伝えしておくことがあります。それは、

みなさんは、誤ったアイデアの出し方を身につけている

ということです。誤ったアイデアの出し方を身につけているなんて、いきなり失礼なことをいってしまいましたが、これは事実です。

　多くの人が、日常普通に過ごすときの考え方というのは、実はイノベーションを起こす考え方とは大きくかけ離れており、アイデアを出す際の適切な考え方からはほど遠いものです。

　イノベーションにとって極めて重要なことのひとつは、優れたアイデアを出すことです。しかしながら、

わたしたちはそのアイデアの出し方について、誰からもきちっと教わったことがない。

　みんな我流で考えながら、ひとつのテーブルを囲み、そしてアイデアを出し合っています。わたしが指摘したいのは、考えている「人」ではなく、この「やり方」が間違っているということです。

　その証拠に、わたしが「アイデア出すときにどのようにしていますか」と聞くと、多くの人は答えられません。または、あいまいな答えを返すことになると思います。

　一方でどういうわけか、「アイデアを出したことはありますか」と聞くと、ほぼすべての人がYESと答えるのではないでしょうか。

　これはみなさんが、

「アイデアの出し方がわかってないのにアイデアを出している」

ということです。

　つまり「我流」でのアイデアの出し方を（知らず知らずのうちに）身につけていることになります。もう少しいえば、わたしたちはアイデアを出しているというよりも、「高度な思いつき」を披露しているというほうが正しいかもしれません。

　わたしたちは、仕事・生活の両方で、アイデアを出す方法について教わり、身につける機会には恵まれていませんが、アイデアを出さなくてはならない局面には多く遭遇します。

　それは、新事業の創造に限らず、あらゆる課題の解決は、課題に対していかにそれを解決するのかという、解決の糸口・アイデアが必要になるからです。

　例えば何の変哲もない家族での会話でも、アイデアが必要なタイミングはあります。「今週末、家族からは遊園地に行きたいといわれているけど、自分は家でゴロゴロしたい」という場合にも解決策は必要でしょ

うし、「友人の引っ越し祝いに何を買っていくのか」という場合にも、アイデアが必要になります。

これらは、日常的なシチュエーションですが、アイデアの出し方は実際ビジネスで行う課題解決で用いる方法と異なっているかといえば、そうではありません。共通に使えると思います。

そして、このようにわたしたちには、アイデアの出し方を身につける機会がなくても、アイデアを出す（出さなければならない）機会はたくさんあります。そして、わたしたちはこのような局面で、なんとかアイデアをひねり出す方法を自分で考え、知らない間に自分なりのアイデアの出し方を定着させてしまいます。しかしながら、このような過程で得られた考え方は、実は多くの場合うまく機能しません。

なぜなら、アイデアを我流で出した後に、その方法を評価・洗練させることはないし、逆に自分の中で一般化させることはありません。つまり、

わたしたちが自分なりに身につけたアイデアの出し方は場当たり的で、なおかつ非効率なもの

なのです。イノベーションは新しいアイデアを生み、カタチにすることで生じます。

その「アイデアの生み方」に関して、多くの人は方法の「型」をもっておらず、やり方に無駄が多いのが現状です。ですが、ひとたび「型」を身につけてしまえば、それをもとにして多くの場面に対応し、さまざまな課題に効率的にアプローチできるようになります。

本書は、知らず知らずのうちにイノベーションを起こす最善のアイデアの出し方から遠ざかってしまっているみなさんの我流の「脳の使い方」を、最善のものにするために執筆しています。ひと言でいえば、

今までの脳を信じない

ことをみなさんに訴えかけたいと思います。

ぜひ本書を通じてイノベーションを起こすための「脳の使い方」を身につけて頂きたいと思います。「社運をかけた新製品を開発する」ときも、「母の日に何をプレゼントしようか」と考えるときも、同じように使える思考回路を身につけてください。

03 アイデア出しにセンスも特別な環境もいらない

方法論が最も重要。誰でも身につけることができる

　アイデアとは、「人々に新しい"考え""手段""経験"を届ける手段」です。ここでアイデアの要件を示しておきます。

　注意してもらいたいのは、あくまで「アイデア」の話をしているのであり、「よいアイデア」の話をしているのではないということです。

　アイデアは、「新しい」ことがその要件です。もう少し具体的にいうとアイデアは、

要素の新しい組み合わせ

と定義されます。

　この定義はわたしが考えたものではなく、ジェームス・W・ヤングという世界で最も有名なアイデアの創り方を提唱した方の定義で、今でも浸透しています。

　まずは、我々が理解すべきなのは、

アイデアを創るのは、才能やセンス、環境ではなく、方法論なのだ

ということです。なぜなら、アイデアは組み合わせなのですから、組み合わせ方がわかればよいわけです。

　しかしながら、アイデア創造が才能や環境によるものと考えられる例は数え上げたらきりがないほどあります。ですので、才能や環境の影響がまったくないとはいいませんが、アイデアの源泉にあるのは考え方であり、誰でも身につけることができます。

　多くの企業がアイデアを創り、イノベーションを起こすことを目的とする組織や部署を特別環境として設計しています。イノベーション専門の部署を他の部門と隔離された場所に設置し、まるで秘密基地のような扱いにしているような企業すらあるのです。

　たしかに、イノベーションを生み出すような場所は、研究室や怪しい地下室のようなイメージがあります。

　これが意味するところは、イノベーションというのは正当なプロセスではなく、非公認の活動から革新的アイデアが出てくるという仮説に基づくためです。

　誰もが「イノベーションは、特別な才能または特別な環境が起こす」と思っています。

　しかしながら、歴史を見てもアイデアの創造やイノベーションに関することというのは、「アイデアを創る方法論を実践する人が少ない」ため「十分に検証されない仮説がたくさんある」というのが実情です。思い浮かべてください、みなさんの先ほどまで思い込んでいた「イノベーションは、特別な才能または特別な環境が起こす」というのはどんな証拠をもって実証できるでしょうか。

そして、イノベーションに関連するアイデアの創り方や、ビジネスモデルの設計というのは、科学やスポーツなどとは異なり、誰も教えてくれません。その結果として、アイデアを創れる人というのは神格化され、偉大な人のように扱われるのです。

一方で、サッカーや野球、化学、物理、モノづくり、アートどれも、学校が存在し専門的な教育がなされています。

しかし、考えてみてください。

小学校・中学校・高校・大学と、アイデアの創り方を学校で習ったり、経験する機会はあったでしょうか。

きっと答えは「ない」でしょう。つまり、ほとんどの人は、「イノベーション」との接点がないままに大人になります。

そして、その状態で「すごいアイデアを創る人」と接して、わたしたちはひとつの神話を抱くようになります。それが「アイデアとは特別な人のものである」というものです。そして、自分自身へ「自分には才能がないんだ」という先入観をもつようになるわけです。

多くの人が抱く、「自分にはアイデアを創る能力がない」という思い込みは、ただ「アイデアを創る」ということに接してこなかっただけです。トレーニングを積めば誰でもできるようになることを、わたしたちは神格化してきたのです。

この本は、このような「思い込んでいる神話」を打ちこわします。みなさんだって、アイデアを創り、そしてイノベーションを身近なものにできるんだ！ ということを肌で感じてほしいという思いで本書は執筆されています。

04 「わけがわからない」ものを創る勇気をもつ

「いいね！」が多くもらえるアイデアは「よくないね！」

　わたしは、イノベーションコンサルタントとして仕事をしています。

　イノベーションコンサルタントに求められることというのは、「人とは違う発想をする」ことです。この「人とは違う」という意味をわかりやすく説明するために例を出しましょう。

　みなさんは、Facebookに投稿・シェアして、たくさんの「いいね！」がもらえるとうれしいと感じませんか。実際、わたしも「いいね！」をもらってうれしいことは多いのです。

　一方で仕事として新しいアイデアを創ってFacebookに掲載したときに「いいね！」がたくさんつくというのは、あまりうれしいことではありません。

　この理由は「いいね！」がたくさんつくということは、たくさんの共感を得ているということです。つまり、ある意味「新しくないこと」を証明していると考えてもいいでしょう。もちろん、すべての「いいね！」が本当にプロダクトの意味を理解して押しているとは思いませんし、有名人や自分が注目している人の投稿であれば、かまわず「いいね！」を押す人もいるのは承知しています。それでも

「いいね！」がたくさんつくような「アイデア」は新しさに欠ける

とわたしは考えています。

　本当に新しいものは、すぐには意味がわからないので、むしろコメントに「何これ？」とか、「何の役に立つんです？」みたいな反応をもらえるほうがアイデアとしてはよい評価となることがあります。

　わたしは、すぐには意味がわからないレベルの新しい製品・サービスを日々創り出すことを仕事としています。そのため、もちろん説明はするけれど、相手が瞬時には理解できない、「わけがわからない」と感じるものを創ります。そして、重要なことは、

「わけがわからないアイデア」は理解されないので、実現しようと考えれば周りと確実に摩擦が起きることです。

　こういう新しいアイデアが生まれる場というのは、常に混沌としています。逆にいえば、

「摩擦」はアイデアの新しさを測るための指標になります。

　摩擦が起こらないものは、ほぼイノベーションとはいえないと断言できます。

05 共感、客観、実現性で反対を乗り越える

自分以外のすべての人に反対されるものがイノベーション

人の意見に合わせて創るものに感動は生まれません。

混沌の中、摩擦を起こすようなアイデアからしか、イノベーションは生れないのです。産業革命で生まれた代表的なイノベーションのひとつである、蒸気機関車にも多くの批判がなされ、何度も開発では挫折しています。

チームがみな同意、などというところにイノベーションは生まれません。自分以外のすべての人に反対されるようなものにイノベーションの種があるのです。

そして、非常に残念なのは、

摩擦を起こし、反対されるアイデアは、多くの場合、カタチになる前に早々に候補から外される運命にあることです。

つまり、こうした目にあわないようにするには、周到な準備をするほかありません。そのとき注意すべきは次の点です。

① 共感　自分が強く実現したいと思い、かつ社会も実現してほしいと思っている
② 客観　理屈が通っている、説明可能である
③ 実現性　実現可能である

ひとつ目の共感は、自分自身が本当にやりたいと感じているのかという点と、社会（特にターゲットとなる人）は、自分の創るアイデアを本当に必要としているのかということです。この点について、自分自身が確信をもてている状態がとても重要です。

2つ目の客観は、①が満たされていても、そしてどれだけ先進的であっても、自分以外に伝わらないのでは、カタチになって広がっていきません。つまり、きちんと筋を通して説明できるのかという点がここで試されるのです。

3つ目の実現性は、求められていることを実現するためのアイデアを考え、カタチにし、届けられるようにすることです。特に、「カタチにできないもの」には価値が生まれません。

わたしは、過去の経験から、この3つをそろえることが、反対に負けずに、やり抜き通すために不可欠だと考えています。

06 新たな経験と解決策をもたらすイノベーション

新たな経験と解決策をカタチに

　イノベーションは非常に単純な2つの要素で成り立っています。
①新しいアイデアを創り出すこと
②創ったアイデアを社会で実現させること
　最初のアイデアを創り出すことはさらに2つに分解することができます。
① "New issue"（新しい問題）
　・ユーザーが見過ごしてきた問題の発見
　・解決できないと誰もが思っている課題への挑戦
② "New Solution, new experience"（新しい解決策、新しい経験）
　・課題をこれまでなかった方法で解決する
　・解決策は、ユーザーにとっても新しい方法で実現する
　ここでは、AppleのiPodを取り上げます。iPodの登場以前、私たちがどのようにして音楽を聴いていたのかを思い出してください。音楽を流す方法は、例えばラジオ、CD、MP3プレイヤーなどがありました。ですが、ラジオは好きな曲をいつでも聞けるわけではありません。CDを行先で聞くためにはプレイヤーのほかに何枚ものCDそのものを持ち運ばなくてはいけません。しかも、「あ、あの曲が聴きたいな」と思っても、CDの入れ替えが必要になったりしてすぐには聞けないわけです。

MP3プレイヤーはCDよりも持ち運びが簡単だったものの、容量が小さいため、多くの楽曲を持ち歩きしたい人には十分なプロダクトではなかったのです。
　iPodは、突如何千曲を、「ポケットに入れて」持ち歩けるようにしました。当時ユーザーは歓喜しました。iPodは私たちがこれまで「面倒くさい、けど解決しようがなかったこと」と思っていた問題を見事に解決し、ありとあらゆる場所で好きな音楽を楽しめるようにしたのです。
　そして、その解決策も新しいものでした。iTunesというシステムを構築し、インターネット上で世界中の楽曲をダウンロードしiPod上で再生できるようにするというものでした。
　それまではレコード会社が製作し、レコード店などの店舗を通じて楽曲は人々に購入されていましたが、世界中の楽曲をインターネットを通じて、購入できるようになったのです。ユーザーはこうした新しい経験をすることにもなりました。
　最初は、レコード会社からも批判があったようですが、当時インターネットは無法地帯で違法ダウンロードで苦しんでいたという背景や、ジョブズの巧みな交渉によって上のようなシステムが実現されたのです。

07 ビジネスモデル＝アイデアを届け、おカネに換える仕組み

発想を実現し、適切な人に、適切な形で届けるのも大事

　さて、これまでの話は「解決策」、つまりアイデアについてのお話でしたが、もうひとつ重要な課題が残っています。日常でのアイデアを出すなら、意外と実行は簡単なのですが、企業の中ではアイデアを出せば終わりではありません。むしろ、そこからが重要です。

　アイデアというのは、頭の中にあっても、開発チームで共有しても、それだけでは意味がありません。「アイデアは生まれても、届けたい人のところに届かなければ意味はない」ということです。

　創ったアイデアを社会で実現させること。つまり、アイデアを社会の中で実現し、適切な人に、適切な形で届けるためのシステムが必要です。それをわたしたちは「ビジネスモデル」と呼びます。読者のあなたは、

商品自体はそんなに他社と変わらないのに圧倒的な収益をあげている企業がある

ことをご存知だと思います。例えばマクドナルドです。先にいっておきますが、わたしはマクドナルドにはよく行きますし好きです。しかし、ハンバーガー、ポテトなど、1つひとつの商品は他社と比べて圧倒的に違うのかといわれると、そうは感じません。しかしながら、多くの人に好まれ、利用されて、収益をあげている。どうしてでしょうか？

　もうひとつの例を出しますね。LINEです。世界中で何億人もの人々が使っていますね。しかし、1つひとつの機能を見てみてください。どれも際立った特徴があるわけではありません。どの機能も、今のスマートフォンの同じようなアプリケーションならできてしまいます。しかしながら、獲得しているユーザー数には、大きな差が生まれているし、かつ事業として評価したときに収益に結びついていることがわかります。

　それではなぜ、これらの企業は世界中で何億人ものユーザーを獲得し、収益に結びつけられているのでしょうか。

　まず、最初に紹介したマクドナルドは、世界中で最適な事業者から最適な仕入れをするパートナーシップを築いています。これによって、価格を抑え、安価でユーザーに商品を提供しています。

　次に紹介したLINEは、先に多くのユーザーを獲得し、それらを効果的に収益化するための収益モデルを築いています。

　このように、アイデアを届けるためには適切な順番で物事を実行し、事業を拡大していく必要があります。わたしたちはアイデアを届け、収益に換え、さらによいものをさらにたくさんの人たちに届けるために、アイデアの発想と同時に、ビジネスモデルを創り出す力を身につける必要があります。

08 アイデアから ビジネスモデルまで一気通貫

イノベーションをマネタイズする

　本書は、アイデア創造とビジネスモデル創造に一気通貫で取り組めるように設計しています。

　第一は「目的を見つける」。解消すべき問題、言い換えると実現すべき状態を明らかにします。第二は「アイデアを考える」。実現すべき状態を創り出すためのアイデアを考案します。第三は「アイデアを試す」。アイデアは、考案した段階では絵にかいた餅に過ぎません。試すことで効果があるのか、効果がないのかを検証します。第四は「アイデアを完成させる」。第三ステップでの検証結果を踏まえてアイデアを軌道修正します。この4ステップを踏まえてアイデアをカタチにします。

　次に、創り出されたアイデアをユーザーに届け、収益に変換していくための仕組みであるビジネスモデルを創り出します。

　ビジネスモデルは利益（プロフィット）から検討を開始します。利益はビジネスモデルを動かした結果ではなく、ビジネスモデルを創り出す前提条件です。利益は単なる儲けではなく、より多くのユーザーによりよい製品・サービスを創り出し、届けるための原資です。製品・サービスの原資を拡大するために利益はあるのです。「原資が○○程度必要だから、××程度の利益をあげなければならない」という発想です。このためまず、プロフィットモデルを創るのです。具体的には3つのステッ

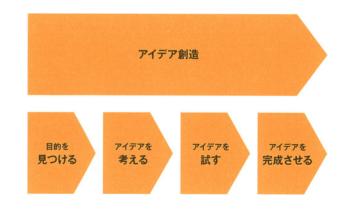

図表0-1　アイデア創造のプロセス

プで構成しています。

　第一は「プロフィットモデルを創る」。ビジネスモデルは利益モデルをまず第一に設計するところから始めます。自らがどのようなインパクトをマーケットに提供したいのかという哲学とマーケットの現実とが掛け合わされて出てくる「規模感」を起点として設計が始まります。規模感は収支にあらわれ、このためプロフィットモデルの創造から始めます。プロフィットモデルにしたがって他のモデルを創り出します。

　第二は「デリバリーモデルを創る」。ユーザーに対してプロダクトを手にとってもらい、継続的に使ってもらうための仕組みを創り出します。このモデルは、ユーザーの使いやすさを高める「サービス」、最適な届けるルートである「チャネル」、適切な認知を得る「プロモーション」、ユーザーの継続利用を促す「リテンション」で構成されます。

　第三は「キュレーションモデルを創る」。利益モデルに基づいてプロダクトをデリバリーするための最適なリソース確保と組み合わせを創り出します。自社で抱えるリソースの価値を最大化する「自社リソース」、他社の強みを最大活用する「パートナー」、自社リソースとパートナーを統合してプロダクトを届ける「ビジネスプロセス」で構成されます。この3ステップを踏まえてビジネスモデルを創ります。

図表0-2 ｜ ビジネスモデル創造のプロセス

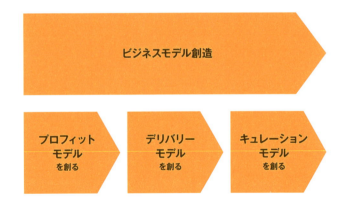

PART1

IDEA INCUBATION

アイデア・インキュベーション

PART1の全体像

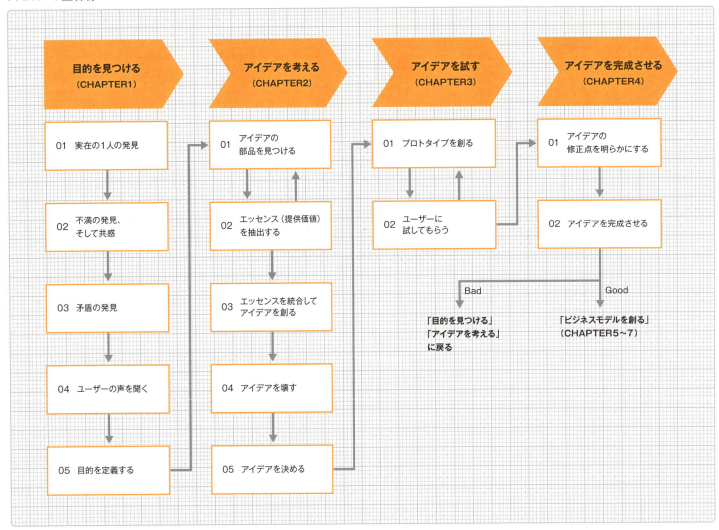

CHAPTER 1

目的を見つける

イノベーションはある人を幸せにすることから始まる。
ある人とは誰か、その不満は何か……。探るうちにアイデアが生まれてくる。

01 実在の1人の発見
すべてのイノベーションは1人のために創られる

　イノベーションはまず、実在の1人の経験を理解し、不満を見つけ共感するところから始まります。

　イノベーターは「実在の1人」を発見し、その1人の抱える不満に共感し、それを解消するためにプロダクト・サービスを創り出すのです。

　「世界中の人に使われているあの製品も、1人のために創られているの？」。こういう疑問がすぐに湧きそうですよね。

　意外かもしれないですが、過去の巨大なイノベーションも実は実在の1人の不満を解消するために創られているのです。

　なぜ実在の1人のために不満を解消しようとするのでしょうか。

　理由は2つあります。

　ひとつは、そもそも人が幸せを感じるときは「ある人を幸せにするとき」だからです。

　最もシンプルな、実在の人を幸せにするということを自然にやっているだけのことです。

　もうひとつは、「顔が見えなければ幸せにしたいと強く思うことはできない」からです。

　誰かもわからない人を幸せにしたいとは思いませんよね。

　イノベーターは、ビジネスの世界において「マーケットを分析する」ことはしません。大まかな動向は把握しますが、まず「誰がどんな不満をもっているのか」を考えます。

　それは身近な家族、友人、知人かもしれません。そして、**なぜ既存の製品やサービスはこの不満の解消ができていないのだ**と怒りに燃えるのです。

　マーケットを分析するとは、すでに誰かがパイオニアとして創り出し、ニーズが見えているフィールドに自分も入っていくことなのです。**イノベーターは他者がすでに創ったフィールドには興味がありません。**

　誰も手掛けていないけれど、自分が幸せにしたい、不満を解消してあげたい（マーケットがあれば誰かがすでに不満を解消するものを創っているはず。それがないから依然として不満なのです）人に対して新しい製品・サービスを創り出します。結果的にそれが多くの人にも欲しがられ、マーケットになっていくのです。

図表1-1 ｜ 実在の1人を発見するためのヒント

① 自分自身を対象とする

何らかのテーマをもったとして、実在の1人は自分以外の人物とはかぎりません。自分も対象となりえますし、過去のイノベーションは少なからず自分が対象となって生み出されています。まずは、自分がテーマの主人公になりえるのか、つまりテーマに関して何らかのニーズをもっている可能性があるかどうかを検討してみましょう。

ここでは具体的なニーズまで掘り下げる必要はありません。直観としてニーズをもっているかどうかを検討してみましょう。

② 近親者、身近な人を対象とする

何らかのテーマをもったとして、テーマの主人公になりえる人物を近親者、身近な人の中から探してみましょう。

過去のイノベーションを紐解くと、「なんとかしてあげたい」という想いを寄せる対象者は、自分の身の回りの人から多く出てきています。例えば、お母さんが日常でどのような不満をもっているのかを考えてください。もし、課題が出てこないとしたら、日ごろからその人のことを考えていないためです。

③ 第三者を対象とする

何らかのテーマをもったとして、テーマの主人公になりえる第三者（直接の面識のない）となる人物をリストアップし、「この人物はテーマに関して何らかのニーズをもっている可能性がある」対象者を抽出してみましょう。

対象者の行動を、データや行動観察から把握し、共感へと自分自身を導いていきます。

※ここで、考えてみてどこにも何も感じないという場合には、まずは「人」に興味をもつ必要があります。

図表1-2 | 実在の1人から生まれたイノベーションの事例

QBハウス

10分1000円で始まったカットハウスQBハウスを展開しているQBネットを創業した小西國義さんは当時の理髪店はシャンプーやマッサージなど自分にとっては不要なサービスをたくさん受けさせられることで1時間も拘束されることに不満を覚えていました。シャンプーもマッサージもなくして時間を短縮した理髪店を創り出しました。実在の1人は小西さん自身でした。

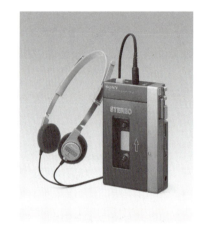

ウォークマン®

ソニーのウォークマン®は、当時名誉会長であり音楽好きだった井深大氏が飛行機の機内で音楽を楽しめないという不満を盛田昭夫氏が耳にしたことがきっかけとなり、開発されています。もっと手軽にストレスなく持ち運びができる音楽プレーヤーを創りたい、という想いが開発につながっています。盛田氏にとっての身近な1人は井深氏でした。

モーツァルト

モーツァルト以前の音楽家は依頼者のために曲を創るという受注生産のスタイルをとっていました。モーツァルトは晩年に差し掛かったころではありましたが、はじめて「実在する女性のために」曲を創りました。女性が満たされていない願望を見抜き、それを満たす曲を創ったのです。
実在の1人はモーツァルトの身の回りにいる女性でした。

02 不満の発見、そして共感
「たった1人」の根本にある不満を発見する

　ビジネスをしている人であれば、「実在の1人に絞り込んでしまって、マーケットでブレークする商品、サービスが創れるのか」という意見をもつ方もいらっしゃるかと思います。

　しかし、先ほどの例の通り、イノベーターは「実在の1人」に着目して、その不満を深く深く考えていったことがわかるでしょう。不満を深く深く掘っていくということは、すなわち「今の社会に生きる人の根本にあるような不満」へ到達することにつながっています。

　さて、このような方法を聞いて、マーケティングにくわしい方なら「ペルソナ」という言葉を頭に思い浮かべるでしょう。一般的にマーケティングにおけるペルソナとは、コンセプトを創った後に、その商品やサービスをどのようにしてユーザーに届けるのかという議論の際に架空の人物像を設定して議論を進める方法です。

　一見、似ている「たった1人への共感」と「ペルソナ」には決定的な違いがあります。これは、イノベーターの思考回路と、ペルソナを用いたマーケティングの差異です。主に2つの点で異なります。

　ひとつは、イノベーターは架空ではなく実在の人物を想定すること。もうひとつは、イノベーターがアイデア創出プロセスのはじまりに実在の人物の不満を発見すること。ペルソナが利用されるのがコンセプトが創り上げられた後であることを考えると、その位置づけがまったく異なっていることがわかるでしょう。

　イノベーターが架空の人物を構築しないのは、実在しない1人を想定してアイデアを創っても、気持ちがのらず、その人のために何かを解決したいとはならないということがあげられます。すでに述べましたが、アイデアの創造においては、人への共感と、その人の課題を解決したいという「情熱」が非常に重要な役割を果たします。実際、イノベーターと呼ばれる人たちは、無意識のうちに、不満発見のために実在の1人の経験を深く理解することが重要であると知っているのです。

　すでに好意をもっている、共感しているから知ろうとするのではなく、「知る」から共感するのです。はじまりは、1人のユーザーの「経験」を徹底的に理解していくことなのです。

　「その人がどんな経験をしているか」がわかっていなければ、何を不満に思っているのかは、見えてきませんよね。ユニクロのヒートテックは、「おしゃれが好きで冬でも肌を露出させる」という女友だちの「インナーで着膨れして見えてしまう」という避けたい経験を知っていたから生まれました。

　このように主人公の不満を次々に明らかにしていきます。

図表1-3 ｜ 経験を理解し不満を発見するためのヒント

① 経験を深く理解する

テーマに関して対象者がどのような経験をしているのかをインタビューや行動観察を通じて深く理解していきます。経験を深く知るからこそ、共感が生まれます。すでに好意をもっている、共感しているから知ろうとするのではなく、深く知るから共感するのです。
経験の中から「妥協していること」「不満に感じていること」を抽出していきます。行動観察では、フィールドに行き、さまざまな文脈から、AEIOU（AはActivities〈何をしているのか〉、EはEnvironment〈どのような周辺環境があるのか〉、IはInteractions〈どのようなやりとりをしているのか〉、OはObject〈何を目的としているのか〉、UはUsers〈誰が登場人物なのか〉）の視点で観察するのが有効です。

② 目的をさかのぼって聞く

テーマに関して対象者の声を聞いてみると、たくさんの不満が出てくるかもしれない。
しかし、その不満の多くは、表面的なものである可能性が高いです。
そこで、「結局何が不満なのだろうか」という目的にさかのぼってみることが大切です。
ある主婦の話です。大量に家電を購入していたので、その理由を聞くと、「家族とのコミュニケーション時間が少ない。家電を買って家事を効率化して家族との時間を増やしたい」という不満をもっていました。しかし、「コミュニケーション時間が少ない」という不満は表層的です。「コミュニケーション時間を増やすのは何のためですか」と聞くと、「実は、他の親と話しているときに家族の話題になり、自分が家族の話をあまりできなくて悔しいから」という不満が出てきました。本当に不満だったのは「家族のことをよく知らないから知りたい」ということだったのです。

図表1-4 | 不満から生まれたイノベーションの事例

www.quicken.com

JR東日本提供

www.career-univ.com

クイッケン

米国のクイッケンという会計ソフトをスコット・クックというイノベーターが創り出しました。クックは妻が36時間もかけて税務申告書類を作成していた姿を見て「もっと効率的に税務申告できる仕組みはないか」と思い立ち、圧倒的に効率的な財務会計ソフトを創り出しました。

クックは妻の不満を解消するためにソフトを創り、それが結果的にマーケットを創ったのです。

ヒートテック

あるユニクロの女性社員と女友だちの話です。その女性社員は、長年のつきあいのある女友だちがおしゃれがすごく好きで、肌を露出させたファッションを大事にしていることをよく知っていました。

街を歩いていた冬のある日、女友だちが肌を露出させたファッションをしていたのですが、よくみるとインナーを重ね着しており、着膨れしている姿を目にしました。

そこで女性社員は感じました。「おしゃれが好きで肌を露出させているのだけれど、インナーが着膨れして見えるのは可哀そう」。これが始まりです。

Suica

SuicaはJR東日本が2001年11月に導入した非接触型ICカードです。そもそも自動改札が登場するまでは、定期券を駅の改札で見せるだけで通過できていましたが、自動改札機が導入されると定期券をパスケースから取り出し、改札機に入れなければならなくなりました。「かえって面倒になった」という開発者の不満から、改札で駅係員が行き先や期限を確認していたかつてと同じように、瞬時に改札機と通信するためにSuicaは創り出されました。

キャリア大学

国内のNPO法人キャリアクルーズが展開するキャリア大学事業は、大学1年生を対象とした実践的講座を企業が提供し、大学横断で受講できるオープンカレッジプラットフォームです。

この大学は、就職活動を経た大学生が発した「もっと早くからキャリアについて意識し経験を積みたかった」という絶望に近い苦悩を目のあたりにした創業者松本勝氏が「大学生が長期的にキャリアを考える経験を提供したい」と考え、立ち上げました。

03 矛盾の発見
トレードオフにある2つの不満を一発解消

　不満を発見して終わってはいけません。解決の仕方を考える必要があります。そのための方法についてお話ししましょう。まず、ある人の抱えている不満のうちひとつだけ解消することを考えてみましょう。

　実はひとつだけならかなり簡単なのです。課題をひとつ書き出して、それに対する解決策を考えるというのは非常に簡単です。実際、「この部屋が暑い」という課題を解決するには「エアコンを入れて冷やす」という単純な解決策が存在します。

　しかしながら、わたしたちが抱く課題というのはそう単純ではありません。普通、わたしたちの課題には、主課題（解くべき問題）に加えて制約があります。先ほどの例でいえば、「部屋が暑い」（課題）、「でも電気代をかけたくない」（制約）、「自分でうちわで扇ぐのも面倒くさい」（制約）という状況です。これが「課題解決におけるトレードオフ」です。現実に存在する制約のもとで不満を解消するのは難しいのです。

　もうひとつ例をあげておきましょう。こちらは実際に解かれた課題ですが、「ユニクロのヒートテック」に関する話題です。

　まず、たった1人の不満を深掘りした結果「冬に肌を露出したおしゃれがしたい」（主課題）がありました。単純な解決策としては「すればいい！」ということになりますが、冬だから「寒い」のです。つまり「寒くないように」（制約）という条件のもとで解決する必要があります。

　すなわち、冬に「肌を露出させておしゃれができない」という不満を単純に解消しようとすると、薄着や肌の露出をするような服装になり、「暖かさ」が失われて「寒い」という新たな不満が生じます。このようなどちらかを実現すればどちらかが失われるという関係が存在し、これが「トレードオフ」となります。トレードオフにある関係の不満は両方を解決しようとすると、辻褄があわなくなります。つまり矛盾する関係にあるわけです。矛盾するから人々は「解決したい」と言い出せないのです。

　イノベーターは、トレードオフの関係にある不満を一発解消しようと試みます。単純な解決策が、図表1－5のトレードオフラインの内側のどこかに位置づけられてしまいます。しかし、巨大なアイデアはトレードオフラインを乗り越えるところに生まれます。

　トレードオフがあるということは「まだ解決されていない課題」があることの裏返しで、それに対する解決策というのは少なからず「新しい」ものであるからに他なりません。

　同時に、このような課題を解決すれば、社会へのインパクトはもちろんのこと大きく、事業として飛躍する可能性があるのです。

図表1-5 | ヒートテックが解消を試みたトレードオフ

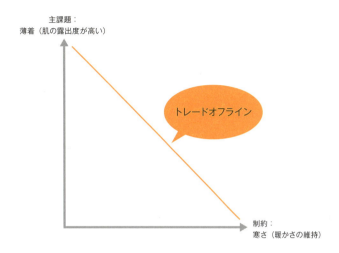

図表1-6 | トレードオフを解消したイノベーションの事例

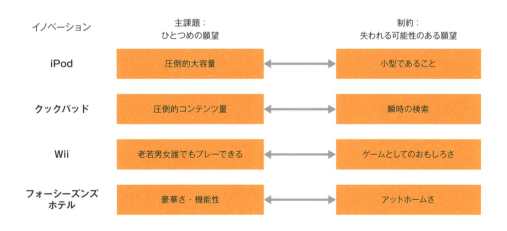

図表1-7 ｜ 矛盾を発見するためのヒント

① 不満解消の先にある制約の発見

トレードオフのある不満とは、「不満を解消することによって新たに生じる不満がある」ものです。

ヒートテックの場合、冬のおしゃれとして薄着や肌の露出をすることで生じる「寒さ」という不満に焦点を合わせています。

iPodは、「大量の再生曲数」を探究することで「大型化してしまう」という制約が生じることに着目しました。

矛盾発見に向けて、ある願望が想像以上に実現された状態を思い浮かべてみてください。iPodの場合、何千曲が入るという状態が実現されたとすると、「機器が大きくなってしまうのではないか」という制約が生じます。

想像以上に不満が解消される場合を考えると、ともなって生じるであろう制約が見出しやすくなります。

②「不満解消を諦めている理由」を聞く

トレードオフのある不満は、人々はそもそも解消が無理だと思うものです。

逆にいえば、トレードオフのある不満は、「解消したいと思うけれど無理だと思っている不満」を引き出し、なぜ無理だと思っているのかを探ることで見えてきます。

ワコールの大きな胸を「小さく見せるブラ」は、女性っぽさばかりが強調され、人として見られていないという不満を解消しています。ただ、それを単純に解消してしまうと、「女性として見られる側面が失われてしまうかも」という懸念から、無理だと思ってしまっていた場合が少なくないことに着目しています。

このような、不満はあるけれど解消を諦めているケースを掘り下げることでトレードオフを含む不満を発見していきます。

③ シーンを明らかにする

トレードオフのある不満は、いつでも、どこでも生じるものではありません。

「どのようなときに」「どのような場面で」という、あるシーンにおいて強く生じるものであると理解してください。

後ほど紹介する瞬足という子ども用の靴は、「運動会でカーブを走るとき（に全速力で走りたいが、転んでしまうから全速力では走れない）」という不満を解消していますが、運動会という"場面"とカーブを走るときという"時"が明確です。

このように、どのようなシーンで矛盾が生じているのかを明らかにすることで、理解が深まります。

図表1-8 | 矛盾解消から生まれたイノベーションの事例

瞬足

アキレスという企業の商品である「瞬足」は、子ども用の通学履きスポーツシューズであり、通常150万足で大ヒットと呼ばれる中で、2009年から年間600万足以上売れ続けており、発売開始11年で累計4000万足以上の販売足数です。
瞬足は軽量設計であり、左右非対称ソール（左足の外側、右足の内側に滑り止めを多く配置したソール）で、狭い園庭、小学校の校庭の左回りのトラックを、遠心力に負けず、滑らず転びにくくして走り抜けられる靴です。「カーブを減速しないと転んでしまう。でも、全力で走りたい」という子どもの思いに応える設計になっています。

ヒートテック

冬の寒さを考慮しなければ「薄く」して着膨れしないようにすることはできますよね。おしゃれを考慮しなければ着ぶくれするような、あるいは、モコモコの生地の洋服で「暖かく」することもできますよね。
しかし、「薄く」と「暖かい」を両方にらんでみてください。同時に実現することは難しく、"矛盾"していますよね。ヒートテックはこの矛盾を解消しました。
これは、「薄着」を追求すればするほど寒くなるという制約を同時に解消しているのです。

iPod

AppleのiPodを想像してください。たくさんの曲を入れようと思えば「大きすぎる」という不満があります。そして、小型にしようとすれば「ちょっとしか曲が入らない」という制約があります。「大きくなく、たくさん曲が入る」というのは矛盾しています。この矛盾をiPodは解消しました。
これは、たくさんの曲を入れれば入れるほどプレーヤーが大きくなってしまうという制約を同時に解消しています。

大きな胸を「小さく見せるブラ」

世の男性、業界、そしてある面では女性自身も、「女性の胸は大きいほうがいい。大きく見せたいものである」と思い込んでいました。それに対して、女性としてだけではなく、知性ある1人の個人として見られて当然であるというシンプルなニーズを捉えました。そして、1人の個人として見られながら女性性も失わないというトレードオフを解消し、「大きな胸が小さく見える」という世界観を提示しました。
これは、1人の個人として見られないという不満を解消するだけでなく、女性性も確保したいという制約を同時に解消しています。

04 ユーザーの声を聞く
仮説を直接ぶつけるような誘導尋問はNG

みなさんが「この不満を絶対に解消してあげたい」と思う矛盾をはらんだ不満を発見したとします。このまま、アイデアを出してもいいでしょうか。答えはNoです。

考えてみるとわかると思いますが、実在の1人がもっている不満は他の人も同様にもっているでしょうか。その確認をしなくてはなりません。

わたしたちは、実在する1人に共感することを非常に大切にしますが、同時に事業として社会に広まるようなアイデアを創るという上では、「どれぐらいの規模」の人が同じような課題を、「どの程度の強さ」で感じているのかを調べておく必要があるでしょう。この調査を周到に行っておけば、課題は社会に十分に存在する問題のひとつであり、多くの人が抱いていることだとたしかめられます。そしてそれと同時に、解決策であるアイデアの方向性のズレを防ぐことができるようになります。

ただし、勘違いしないでほしいことがあります。わたしたちは「実在する1人」が抱えている不満（強い不満）を、他の人が同じように強い不満として捉えているのか、それともそれほど重要な課題だと認識していないのかというところに興味があります。つまり、これをきちんと確認できる方法をとらなくてはならないのです。

多くの人が、ユーザーの声を聞いてくださいといったときに同じ間違いをしてきました。例えば、「○○は課題だと思いませんか？」という仮説を直接的にぶつけるような聞き方をしてしまう人が数多くいます。これは誘導尋問的であり、確認するためのよい方法とはいえません。むしろ、日常会話のような中で、徐々に自分の考えている仮説をたしかめていくほうがよい方法といえます。図表1-9、1-10を参考にユーザーの声を聞いてみましょう。

図表1-9 | インタビューの手順

1. 対象者の抽出
実在の1人と同じ不満をもっている可能性のある人をリストアップする。

2. アポイント
インタビューの依頼を行う。電話、Skype、メール、対面のいずれでのインタビューであるのかを伝える。

3. インタビュー実施
What、How、Whyの順番で行う。どんな生活をしているのか。もっている不満は（What）、具体的には（How）、なぜ不満なのか（Why）。

4. ユーザー像の明確化
実在の1人のもつ不満を中核として、他の人々の声を踏まえてあらためて幸せにしたいユーザー像を明確化する。

図表1-10 | ユーザーの声を聞くためのヒント

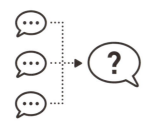

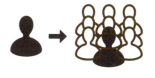

① 実在の1人が経験したことに着目して対象者を抽出

実在の1人がもつ不満と同じ不満をもっている可能性のある人を探索する際に、禁じ手は似た属性の人を探すことです。
解消することでイノベーションにつながる潜在的不満は、属性ごとにとらえられるほど単純ではありません。20代女性であれば同じ不満をもつ、といった場合は皆無だと思ってください。
そうではなく、「02 不満の発見、そして共感」の根本にある不満を発見する」で明らかにしたように実在の1人と似た「経験」をしている可能性のある対象者をリストアップしましょう。

② 仮説を直接ぶつけない

人々は、突然「○○のような不満をもっていませんか?」と聞かれても、その不満が潜在的なものであるほどピンとくることがなく、「もっていません」という回答になる可能性があります。
不満に関することに限定せず、普段の生活や仕事について質問し、全体像が見えてきたら、聞き取った内容に関連づけて「先ほど○○とおっしゃいましたが、そのとき△△(解消したい不満・矛盾仮説)と感じたことはありますか」と、流れの中で関連づけて質問することで、対象者は実態に合わせた回答をしてくれるものです。

③ 苦痛を伴うかどうかを確認する

実在の1人がもつ不満と同じ不満があることが確認されたとします。
次いで重要なのは、その不満が苦痛を伴うもので今すぐにでも解消したいものかどうかです。苦痛を伴う課題であり、かつ解消されていない場合、ほぼ間違いなく次の質問に対してYesと回答があります。
「もし今あなたがもつ不満を解消してくれる何らかの商品、サービスがあったとしたら、多少高くても買いますか」
苦痛を伴わない場合、「商品・サービスをまずは確認してからでないと」などすぐに購入するという意思表示はないでしょう。

④ ユーザー像を拡張する

イノベーションは実在の1人を幸せにするという強い意思がきっかけになります。
ただし、実在の1人だけを幸せにするだけではもちろん終わりません。実在の1人と同じ不満を抱えたすべての人々を幸せにします。
このため、実在の1人と、インタビューを行った結果同じ不満をもつ他の人々のもつ特徴も含めて幸せにしたいユーザー像を明確化します。
このとき、実在の1人だけでなく他の同じ不満をもつ人たちとの共通要素を抽出し、ユーザー像を創り上げます。

図表1-11 | 苦痛を感じる課題を解決した事例

パンパース

P&Gが提供する赤ちゃん向けおむつの「パンパース」シリーズは、赤ちゃんが夜頻繁に起きてしまい良質な睡眠がとれない、という悩みを解消するために、商品改良に注力してきました。実際に2400人のお母さまに調査を行ったところ、大多数のお母さまは、赤ちゃんが質の良い睡眠をとるために苦労されているということがわかりました。そこで、「パンパース」は、睡眠時におしっこでお尻がぬれた"不快感"で起きてしまう点に着目し、「1枚多いさらさらシート」で、素早くおしっこを吸収し、最長12時間お肌をさらさらの状態に保つことができるおむつを発売するに至りました。

Moff Band

スマホと連携し、アクションに合わせて効果音を出して遊べる"スマートおもちゃ"を開発したMoffは、コンセプトから実際の開発に移行することを決定したきっかけとして「子どもが、ずっとタブレット画面ばかり見ていてヘドが出る」という母親の声や、「部屋におもちゃが溢れかえっている。子どもはすぐに飽きるのに捨てられない」という父親の声といった、子どもをもつ親の困り果てた声を聞いたことでした。
ここからこの不満を解消することで世の中に変化が起こせると確信し、開発に乗り出しました。

www.khanacademy.org

カーンアカデミー

カーンアカデミーは、世界中で月間600万人の生徒が学ぶ世界最大級のオンライン教育プラットフォームです。
創設者のサイマル・カーン氏は、いとこの子どもがもつ「理解できていないのにどんどん授業が進んでしまって学校に行きたくなくなっている」という深刻な悩みを解決するために、子どもの理解ペースに応じた学習法としてオンライン教育システムを限定的に公開しました。すると、同じ悩みを抱える子どもが驚くほど多いことがわかり、プラットフォーム化に乗り出しました。

05 目的を定義する
実在の1人を"ユーザー"へと変換し、願望を定義する

　ここまで説明してきたことを実践に移したならば、みなさんの前には、すでにたった1人のユーザーから導き、そして他の人にも求められるような解消したい矛盾が目の前に存在していることでしょう。

　すでに、みなさんは矛盾解消のためのアイデアを出したくて仕方がなくなっているかもしれません。そして、実際にアイデアが頭に浮かんでいる人もたくさんいるでしょう。しかしながら、
ここで早まってはいけません。ひと呼吸おいてください。

　今、みなさんはアイデアを考える前にやっておくべき最も重要な段階に差し掛かっているのです。ここまでアイデアとは「新しいものだ」といってきました。この他、「矛盾を解消する解決策だ」ともお話ししましたね。いろんなことを申し上げてきたわけですが、ではアイデアとは何かもう一度ここで考えることにしましょう。
アイデアとは、「目的を実現するための手段」のことです。

　間違えないでください。アイデアを創る目的は、目的の実現であり、課題の解決のためです。ここまでで、わたしたちはたった1人に注目し、そして抱える問題を明確化し、そして矛盾を発見し、さらにはその課題を抱えている人がたしかに社会にいるんだということまでわかったはずです。

ですが、どこかで、どんなアイデアを出すのかを文章としてまとめたでしょうか。わたしたちが出すアイデアは「どんな目的を達成するものか」を決めたでしょうか。実は、決めていないのです。

　アイデアは、目的を実現するための手段です。それゆえに、アイデアを創るときには、
そのアイデアが達成する「目的」を明確に定義しておくことが重要
なのです。課題が解消されたとき、どのような状態になっているのかということを明確にし、現状と理想の状態を言葉によって可視化します。

　ここでいう「目的」とは、矛盾が解消された状態のことをいいます。瞬足でいえば、カーブで減速しないということと、転ばないということが矛盾しています。その矛盾が解消された状態が「カーブで全速力なのに転ばない」という状態ですね。

　そして、目的は3つの要素に分かれます。①主人公、②シーン、③実現したい状態です。瞬足の場合、①子ども、②運動会で、③カーブで全速力なのに転ばない、です。

　このようにアイデアが達成する目的をはっきりさせると、頭の中にアイデアの具体的なイメージが浮かんでくるのがわかるでしょうか。アイデアとは、このように目的をもって生まれてきます。逆に目的のないア

イデアはありません。あるとすれば「思いつき」でしょう。
　改めて整理をすると、「目的定義」では、発見された矛盾が解消された状態を
主人公、シーン、実現したい状態、の3つの要素を含んだ目的を明確にします。
　「01　実在の1人の発見」のところで、
実在の1人の主人公を想定しましたが、ここではその主人公を少しだけ普遍化します。ぼやっとさせるのとは違います。実在の1人の主人公がもっている特性を抽出するのです。
　解消したい矛盾を抱えているのは実在の1人の主人公だけではないはずです。他にも主人公と同じ境遇にいる人はいます。その同じ境遇にいる人がもっている共通要素を、主人公から抽出します。
　その共通要素をもった「主人公"たち"」が、どんなシーンで何を実現するのかを明確にしましょう。

図表1-12 ｜ 目的を明確にする要素

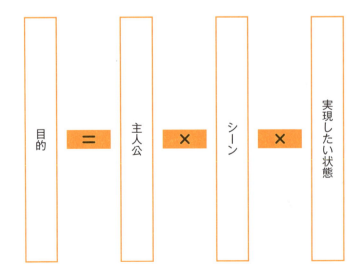

目的 ＝ 主人公 × シーン × 実現したい状態

図表1-13 | 目的定義のためのヒント

① 主人公を
明確にする

矛盾を抱え、解消を願うのは誰なのかを明確にします。
「04 ユーザーの声を聞く」であらためて設定したユーザーを主人公に設定します。
例えばヒートテックの場合、実在の1人はある女性でした。解消したい矛盾は「薄着でおしゃれ」と「暖かさ」でした。
矛盾の解消を望んでいる人たちの共通点は「冬に肌を露出させておしゃれを楽しみたい」であり、主人公は「冬に肌を露出させておしゃれを楽しみたい女性」です。

② シーンを
明確にする

矛盾を解消したいと考えるとき、「いつでも」というわけではありません。
「このとき、この場で」というシーンがついてくるものです。
ヒートテックの場合「冬におしゃれをするとき」であり、瞬足の場合「運動会」という時や場が想定されています。
矛盾の解消を望むのは「いつなのか」「どのような場なのか」を明確にします。

③ 実現したい状態を
明確にする

あらためて、発見された矛盾が解消された状態を明確化します。
ヒートテックの場合、「薄着でおしゃれ」と「暖かさ」という矛盾が解消された「薄着でも暖かい」状態が実現したい状態です。

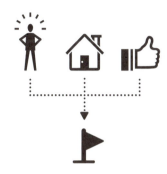

④ 3要素を統合して
目的化する

最終的に、主人公、シーン、実現したい状態を合わせて目的を定義します。
ヒートテックの場合「女性が冬におしゃれをしたいとき、薄着で温かい状態を実現する」ことが目的といえます。

図表1-14 | 誰もが諦めていた目的を定義した事例

瞬足

ヒートテック

iPod

大きな胸を「小さく見せるブラ」

子どもが、運動会で、全速力でカーブを走っても転ばない

女性が、冬におしゃれをするとき、薄着でも暖かい

音楽好きの人が、外で音楽を聞くとき、たくさんの曲を手軽に持ち運ぶ

大きな胸を小さく見せる。女性性を失わないながらも、1人の個人として見られる。

クイッケン

Suica

QBハウス

税務申告の際、正確性とスピードを両立する

瞬時にストレスなく改札を通過する

10分で調髪を完了する

CHAPTER 2

アイデアを考える

アイデアとはエッセンスの新しい組み合わせ。
多種、多様なアイデアからエッセンスを抽出しつつ、新しい組み合わせを考える。

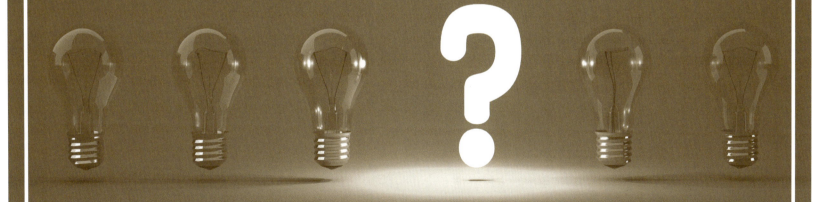

01 アイデアの部品を見つける
部品から全体を組み立てていく

　トレードオフを含んだ不満を解消するようなアイデアは、一発で生み出すことは不可能です。このため、巨大なアイデアを生み出すための部品をまずは見つけます。

　アイデアは「要素と要素の新しい組み合わせ」なので、アイデアを創るときには、組み合わせる「要素」を並べてみる必要があります。

　まず、最初に確認しておくべきことは、

「最初に出したアイデア」が最終アイデアとして採用されることは、ほとんどない

ということを念頭においておくべきです。

　世の中にある優れたアイデアは、何度も何度も練り直され、試行錯誤の末に、でき上がったものです。たったひとつのアイデアを創るために、その過程で生み出したアイデアは没になり捨てられていきます。

　逆に、その中でいくつかの光るアイデアが生き残り、形を変え、最終的なアイデアとなるのです。そして、もうひとつ大事なことは、「最後に採用されるアイデア」は「最初のアイデアに触発されている可能性がある」ということです。アイデアは、人の出したアイデア、自分の考えていることなどさまざまなものを「組み合わせて」生まれるわけですから。なので、大事なのは、最後に採択されるアイデアを創るために、ま

ず最初にそれにつながる可能性のある、「基盤となる」アイデアをたくさん生み出すことです。

　これらを、ここから「アイデアの部品」と呼びます。

　アイデアの部品を生み出すときに、

大事にするべきことは「量」「多様性」です。

　平易な言葉に直せば、たくさん出せるかどうか、種類の違うアイデアを出せるかどうかの2点です。

　たくさん出せても、同じようなものだとすれば、せっかくたくさん出してもあまり意味がないですね。

　逆に、いろんなアイデアの視点があっても、それぞれの量が少なければ比較検討をするのが難しくなります。

　アイデアの部品を生み出す方法は、世の中にたくさんありますが、今回は、量と多様性の両方を実現する方法として、誰もが知っている「四則演算」的なアイデア創造法をお教えします。

　つまり、アイデアの「部品」を四則演算することによって、新たなアイデアの「部品」を生み出すという方法です。

図表2-1 | アイデアの部品を見つけるためのヒント

① 足し算

アイデアに新しい機能をつけ加える、もしくはすでにある機能をパワーアップさせます。要素を増やすといい換えることもできます。

大ヒットしたお菓子のビックリマンチョコは、チョコレートにキャラクターなどのシールを加えたことが成功要因となっています。意外な組み合わせであるほど足し算の効果は大きいと考えてください。

② 引き算

元々あるアイデアから、要素を減らします。アイデアは、往々にして「あれもこれも」とたくさんの要素が詰め込まれているものです。

みなさんがおもちの携帯電話がもつ要素（機能）のすべてを把握できている人はほとんどいないのではないでしょうか。

本当にユーザーにとっての価値がある要素だけを残して、他の要素を減らすことでユーザーにとっての価値が増すことは十分考えられます。

③ 掛け算

アイデアにまったく別の要素を組み合わせます。

異質なもの同士を掛け合わせて元々あったものとは別のものを創り出します。

ここで重要なのは、異質なものであるという点です。できるかぎり、誰もが思いつくものではない組み合わせを考えてみます。

この後の事例で紹介するシャープのサイクロン掃除機は掃除機にネコの毛繕いの仕組みを掛け合わせています。

④ 割り算

価値を割り引いたり、逆転させてアイデアを出します。

引き算のように要素そのものをなくすのではなく、従来の価値を意図的に弱めることで新たな価値を出します。

また、弱めるのを超えて、逆転させることで新たな価値を出すことも可能です。

図表2-2 ｜ 四則演算でアイデアの部品を見つけた事例 ①

足し算	足し算	引き算	引き算
ビックリマンチョコ	カメラ付き携帯電話	レノアハピネス アロマジュエル	キリンフリー

ビックリマンチョコ

1977年にロッテから発売されたビックリマンチョコは、ピーク時は年間4億個を売り上げる大ヒット商品で、悪魔vs天使シリーズでも知られる商品です。これは、チョコレートをウエハースでサンドしたお菓子とオリジナルのシールを足し合わせた商品です。びっくりするような楽しいお菓子という意味で「ビックリマン」というネーミングにしました。

カメラ付き携帯電話

諸説ありますが、旅行中の女性が景色を見ながら必死にメールを打っていた。それを見て開発者は「気に入ったその風景を今まさに誰かに伝えたかったのではないか」と推察しました。そして、「であれば風景をそのまま写真に撮ってメールで送ればいい」と考えました。価値として表現すれば「経験のリアルタイム共有」に対して、カメラと携帯電話という当時としては関連性のない2つを足し合わせてアイデアを導き出しています。

レノアハピネス アロマジュエル

レノアハピネスはP＆Gが提供する香りを楽しむ柔軟剤というキャッチフレーズのヒット商品です。このラインナップの中に「レノアハピネス アロマジュエル」があります。上質な香りを提供することに特化してつくられています。香りのみの商品なので、使用量で香りの強弱を調整したり、他の柔軟仕上げ剤と組み合わせて使ったりと多様な香りや使い方をユーザーは楽しめます。これは、柔軟剤から柔軟仕上げという機能を引き算して香りに特化した引き算発想があります。

キリンフリー

「ビールが飲みたい。が、その後にクルマを運転しなければならない」というユーザーの想いをくんでビールメーカーのキリンが創り出したアルコールの入っていないビールです。

従来のノンアルコールビールには微量のアルコールが含まれていましたが、完全に含有度0％となっています。
これは、ビールからアルコールというメインの成分を引き算しています。

図表2-3 | 四則演算でアイデアの部品を見つけた事例 ②

| 掛け算 | 掛け算 | 割り算 |

シャープ　サイクロン掃除機

シャープのサイクロン掃除機はサイクロンカップ内に吸引したゴミを蓄積し、これを圧縮して、まとめて捨てるという効率的なゴミ処理構造を採用しています。これは、ネコの毛繕いの仕組みを応用しています。舐めとった毛は胃で毛玉として蓄積・圧縮され、定期的に吐き出されます。吸引したゴミを圧縮するフィンの下部に、ネコ科の動物の舌の構造を模倣したトゲ状突起を多数設けたことで、繊維系のゴミでの圧縮性能を向上。結果ゴミは10分の1程度にまで圧縮が可能となっています。

ポカリスエット

ポカリスエットを発売する数年前、社員が海外出張中に食あたりを起こしました。その出張先で医師が炭酸水を手渡し飲むようにすすめました。そのときの社員の体験が、生理的で身体にやさしい水分補給を考えるきっかけとなっています。
また、手術を終えた医師が点滴液を飲むのを見て、「飲む点滴液」がポカリスエット開発のヒントになりました。
点滴液と飲料を掛け合わせて生まれている事例です。

ホットジンジャーエール

2013年10月に、日本コカ・コーラが販売した「カナダドライホットジンジャーエール」は、炭酸飲料なのに温かい。
「炭酸飲料は冷たいもの」という従来の価値を逆転させています。これまでは炭酸飲料は暑い季節を中心に売れていましたが、価値の逆転によって寒い季節にも積極的に販売する機会を創出しました。

02 エッセンス（提供価値）を抽出する
ビッグアイデアにつながるための準備

　最初のアイデアは最終アイデアから見ると部品です。最初のアイデアは、どれかが選択されて最終アイデアとして選ばれるのではありません。1つひとつの最初のアイデア、つまり部品は、最終アイデアにつながる「エッセンス（提供価値）」を提供するのです。

　そのため、まずは生み出したアイデアに対して、エッセンスを抽出する必要があります。エッセンスとは、「アイデアがもつ価値・優れた点」です。面白いと思えるアイデアであっても、あまり面白くないと思えるアイデアであっても、「価値・優れた点」と「それほど価値はない・優れていない点」の両方をもっています。

　多くの人がやってしまいがちなのは、「何となくぱっとしないので捨てる」「なんか、よさそうなので採用する・残す」ということです。これは止めましょう。まずは、アイデアに向き合い、価値・優れた点と価値がない・優れていない点をきちんと言語化することです。言語化しない状態でアイデアの良し悪しを判断しても、正しい判断はできません。

　ここでひとつ大事なことをお話します。「アイデアは、先に提供価値を考えてから、それを備えた手段を考えるというやり方ではないですか？」という声が聞こえてくるかもしれません。

　もちろんそのやり方も間違いではないのですが、人間の脳みそはそのような思考にはうまく対応できないように思います。先に提供価値を思い描いてアイデアを出すのではなく、まずアイデアを出してみて、そのアイデアに含まれている提供価値を見出すほうが脳に優しいのです。

　なぜなら、わたしたちはアイデアを出すとき、暗黙／無意識のうちに提供価値を思い描きながら出すものだからです。提供価値を先に出せ、といわれると、本来無意識のうちに出せた提供価値が出せなくなってしまいます。まずは脳を信じてアイデアを出し、事後的に提供価値を拾い上げてみましょう。面白いアイデアには、「価値・優れた点」が必ず含まれているはずです。エッセンスを組み合わせることで新しく、より素敵なアイデアを生み出す準備をしましょう。

図表2-4 ｜ アイデアのエッセンスを抽出する

図表2-5 | エッセンスを抽出するためのヒント

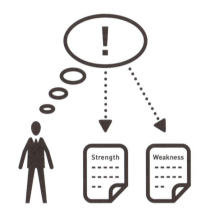
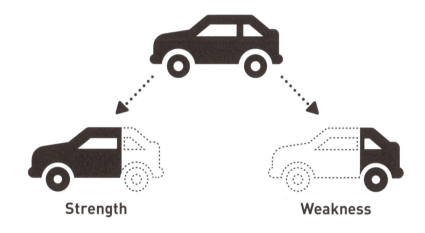

① 自身のアイデアの エッセンス抽出

自身が打ち出したアイデアがもつ価値、優れた点を抽出します。最初から優れた点を厳選して抽出しようとするのではなく、「このアイデアが面白いと思える点は何だろうか」という観点で柔軟に抽出していきます。

② 既存プロダクト／サービスの エッセンス抽出

目的実現につながる可能性のあるすでに市場に存在するプロダクト／サービスを探索し、それらのもつ価値、優れた点を抽出する。
これはまねをすることとは異なります。
既存プロダクト・サービスをそのまま、まねるのではなく、そのプロダクト・サービスに含まれたエッセンスを抽出し、それらを取り込むために行います。

③ 既存プロダクト／サービスの 弱点抽出

先行者がいたとしてもまったく問題ありません。ほとんどの先行者は、100点中80点またはそれ以下の水準にあります。残り20点はできていないのです。
その20点分のできていない部分を見抜き、100点を取るための要素を抽出し、組み込むことで先行者を越えていけるでしょう。20点のできていない部分を克服したものが、エッセンスとなります。

図表2-6 | 1つのアイデアもむだにしないエッセンス抽出

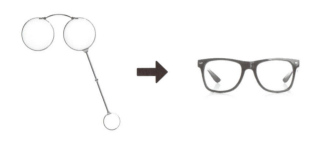

14世紀初頭の眼鏡　　　耳にかけるタイプの眼鏡

littleny / Shutterstock.com

眼鏡からコンタクトの進化

メガネの発想は14世紀までさかのぼります。当時は手でもって文字などを拡大させていました。これは手にもつ負担が大きいですね。そこから、耳にかけるというアイデアまで数世紀を要して、16世紀ごろに現れました。きっかけの1つはローマ皇帝ネロが耳にかけて使っていたアクセサリから、「耳にかける」という要素（エッセンス）を取り込み、眼鏡を耳にかけることによって、手で持つという大きな負担がなくなりました。

そして、目から離れた位置にあるレンズにより見るものを拡大していた眼鏡に対して、1508年にレオナルド・ダ・ビンチが、表面が凸凹の角膜でも水を張った容器などに眼をつけるとよく見えるようになるという指摘をしました。眼球に直接作用させるという要素（エッセンス）を取り込み、コンタクトレンズに発展していきました。

ハイライン

ハイライン（High Line）は、ニューヨーク市にある長さ1マイル（1.6 km）の公園です。

この公園は高架貨物線跡を、空中緑道として再利用したものですが、都心部で公園を散歩することに対して「長距離の道が確保できる」というエッセンスを貨物線跡に見出し、活用しています。

このエッセンスを活用し、「都心部」と「長距離を歩ける」というトレードオフを乗り越え、散歩を楽しめる公園として市民に親しまれています。

03 エッセンスを統合してアイデアを創る

トレードオフの関係にある課題を一発解消する

　さて、アイデアの中でも、わたしたちに求められているのは、「トレードオフを含んだ不満」を解消するようなものでした。一見、難しいように感じるこのアイデアを生み出す方法についてお話しします。

　鍵は、「統合的な思考」にあります。統合的な思考とは、いくつかの要素を同時に実現するための考え方です。これを、「アイデアの創造」に応用します。わたしたちの文脈でいえば、複数の課題を一発解消するアイデアを生むために使うことができるのです。

　前項では、アイデアからエッセンスを抽出しました。そして、抽出したエッセンスの中に、わたしたちが設定した「課題」に含まれる「トレードオフ」のどちらか一方を実現するために効果があるということがわかっているとしましょう。

　このような場合には、相反する課題（主課題と制約）のどちらを実現することに効き目があるのかを仕分けます（主課題解決のためのエッセンスと制約解決のためのエッセンスに分けますが、扱いは均等です）。

　さて、ここまでくれば、図表2－7のような図ができているはずです。ここから先、統合的な思考は、「パズルを解く」作業になります。主課題と制約に向けたアイデア双方のエッセンスを頭の中におきます。そして、あらゆるエッセンスをさまざまに組み合わせたものを考えるという操作を行います。そして、組み合わせを試行錯誤して、ピタッとはまってカタチになるとき、それがアイデアとなります。

　ここで大事なのは、エッセンスを単純に足し合わせるのではなく、AとBを足してABではなくCという別のより高次元のものを創り出すことです。そして、エッセンスを統合するとき、わたしたちは「今、知っていること＝当たり前」の発想に縛られてはいけません。後ほど紹介する事例を確認しましょう。

図表2－7 ｜ エッセンスを統合する

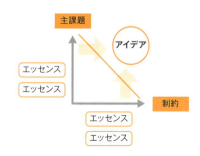

図表2-8 ｜ エッセンスを統合するためのヒント

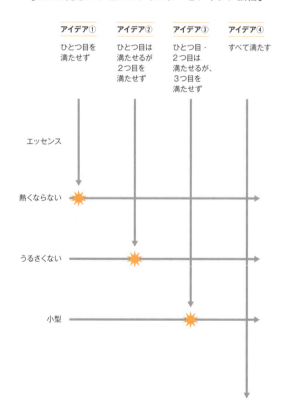

[Wiiに見るエッセンスフィルターとアイデア候補]

① エッセンスを両立する
アイデアを量産する

相反する課題（主課題と制約）に対して、主課題解決のためのエッセンスと制約解決のためのエッセンスに分けます。
主課題解決エッセンスと制約解決エッセンスの両方を併せもつアイデア候補を量産します。一発でエッセンスを絶妙に組み合わせたアイデアを出すことは不可能です。
いくつもいくつもエッセンスの組み合わせ方を変えながらアイデアを量産していきます。

② アイデアを
エッセンスフィルターに通す

量産したアイデア候補について、あらためて必要なエッセンスをもち合わせているのかを検証します。エッセンスを組み合わせて出したアイデアを、再度エッセンスをもっているかどうかを検証するのです。
例えば任天堂Wiiの場合、本体を開発する際に「リビングに置いてもらう」「リビングの主であるお母さんに嫌われない」ために、本体は「熱くならない」「うるさくない」「小型(邪魔にならない)」というエッセンスを見出しました。結果として「低消費電力」「ファンなし」「DVDケース2〜3枚分の厚さ」の本体にいきつきました。
（参考：http://www.nintendo.co.jp/wii/topics/interview/vol1/02.html）

図表2-9 | 統合思考から生まれたイノベーションの事例 ①

ユニット工法

住宅業界では、スクラッチ性（1から建築）と低コスト（あるいは短納期での建造）はかつては両立せず、トレードオフが存在していました。しかし、スクラッチ的なものを安く提供したいという想いから、従来は現場ですべての家づくりを行う工法が主流でしたが、セキスイハイムが「部屋そのものを工場で生産してしまおう」と考え、ユニット工法を開発しました。

ユニット工法とは、建物を部屋ごとなどの中規模のユニットに分割し、ある程度まで工場で生産し、現場ではそれぞれのユニットを接合することで中間段階までの建築物を簡便につくるプレハブ工法の一種です。中間段階まで工場で生産されることから精度が高く、工期が短いというメリットがあります。これは、企業にとっては顧客満足度向上とコストダウンを両立させることにもなっています。

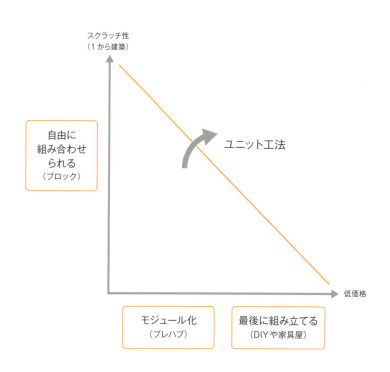

図表2−10 | 統合思考から生まれたイノベーションの事例 ②

大きな胸を「小さく見せるブラ」

2010年4月にワコールからウェブストア限定で販売された大きな胸を「小さく見せるブラ」は、予想を上回る売れ行きとリピート率を実現しています。

このブラジャーは、「胸が大きく太って見える」「シャツボタンの隙間が気になる」などの悩みを解消してくれています。また、大きなサイズのブラはサイズの種類が少なく、またデザインもサイズの小さなものより可愛いものが少ないという不満もユーザーの中にはありました。

従来は、女性性を薄めるために、服のサイズを上げる、胸を抑えつけるBホルダーをつけるなどの手段が用いられていましたが、いずれもファッション性を欠いていました。この、「女性性を薄める」ことと「ファッション性を保つ」というトレードオフを、形を保ちながら胸を小さく見せることで「小さく見せるブラ」は越えています。

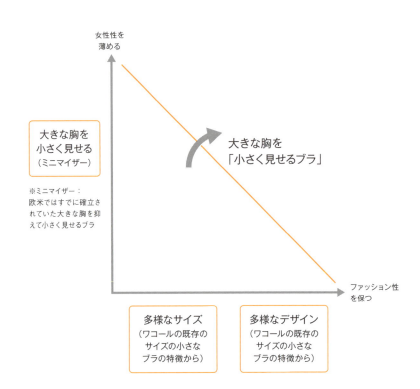

04 アイデアを壊す
暗黙の前提／先行者の提供価値を否定し越える

さあ！ イノベーションまでもう一歩のところまできています。ここで創り上げたアイデアを、創造的に破壊しましょう。ここまでで、十分よいものができていると思いますか。

まだ、みなさんはアイデアを発展させることができます。そのために、アイデアを早速壊さなくてはならないのです。しかし「壊す」といっても、ここまで創ってきたアイデアはアイデアのまま残っていますから、安心してください。

さて、「なぜせっかく創ったアイデアを早速壊すのか」と思うかもしれません。考案するアイデアの大半、ほぼすべては他の誰かが考案しているからです。わたしたちが、アイデアを創る際、意識せずして何らかの枠の中でアイデアを出し（何らかの手段の枠に基づいてアイデアを出し）、何らかの成功している状態を意識して創っているはずです。

手段とは、そのアイデアがもつ外形的要素です。ビルはコンクリートという手段でできています。提供価値とは、そのアイデアが実現しようとする価値そのものです。クラウドデータサービスは「大容量データをもち運びしないでもよい」という価値をもちます。

これらの手段や価値を疑い、ひっくり返してみるのです。コンクリートではないビルという新たなアイデア、大容量データをもち運ぶUSBというアイデアが生み出されるかもしれません。

既存アイデアの手段と、既存アイデアの提供価値のそれぞれ対極を反映してみることで、図表2−11のように新たなアイデアエリアが3つ出現します。そのエリアで新たなアイデアを創り出すのです。

図表2−11 ｜ アイデアをひっくり返す

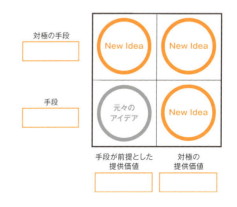

図表2-12 | 任天堂Wiiの事例

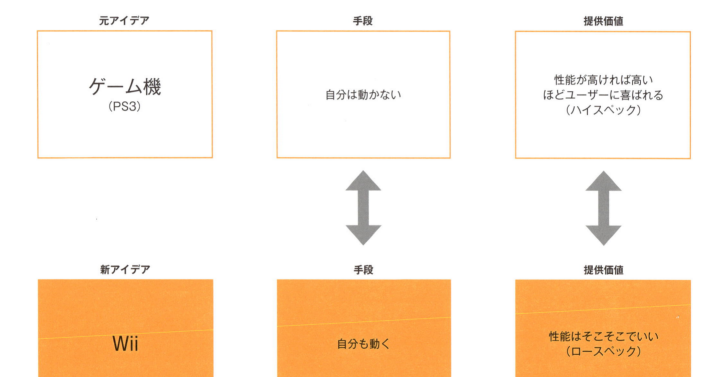

図表2-13 | アイデアを壊すためのヒント

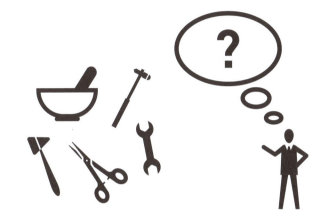

① 手段を疑う

用いている手段は、その時代の常識が反映されている場合が多いです。
江戸時代中期までの脱穀方法であったこき箸（2本の木や竹の棒からできている）という手段を使っていました。その後、千歯こき機が現れ「鉄機器」という新たな手段を用いて大幅に効率を上げました。
別の例では蒸気機関車はそれまでの高速長距離移動手段が「馬車」であったところ、「蒸気機関」へと変えました。
手段がもっている"枠"を見抜き、別の手段に基づいてアイデアを出してみるのです。

② 提供価値を疑う

その手段が打ち出そうとしている提供価値は、誰しも疑わず信じている場合が多いです。
30分で手軽に有酸素運動ができるフィットネスクラブCurvesは、それまでのフィットネスクラブが提供価値として踏襲していた本格的な「ジム、スタジオ、プール」という価値をでなく、「簡単・手軽な運動を行える施設」で会員数を伸ばしました。
ビジネスは、過去の類似ビジネスの提供価値を踏まえて創り出されることが多いですが、その過去の提供価値が、これからのイノベーションを阻害する要因となることが多いのです。
過去の提供価値を否定した上で、アイデアを出してみるのです。

図表2-14 ｜ イノベーションを生む創造的破壊 ①

ウィキペディア クリエイティブコモンズ：
Japanese old threshing machine,Senba-koki,Katori-city,Japan

千歯こき機
（手段を否定し対極の手段でアイデア創造）

当時稲作の裾野拡大に伴い、脱穀効率向上が課題とされていました。江戸時代中期以前は、2本の木や竹の棒を片手にもって穂をはさんで、しごくようにして脱穀するこき箸という方法が用いられていました。それ以前は石の包丁で叩くようにして脱穀されており、こき箸の登場で正確性と効率性は向上していました。しかし依然として一気に大量に脱穀するという願望はかなえられていませんでした。なぜか。脱穀効率を高めたいというニーズに対する解決策に、「自分が切り落とす」というバイアスがかかっていたためです。
それに対して千歯こき機は、「自分が切り落とす」というバイアスを崩し、「誰か（何か）が切る」という領域にシフトし、ユーザーおよび業界の想定を裏切り、ユーザー体験に革新をもたらしました。これは、従来の手段を否定し、「機器」という新たな手段に基づいて構築しています。

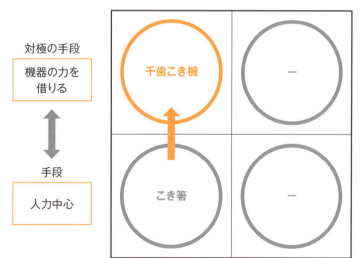

図表2-15 | イノベーションを生む創造的破壊 ②

Curves
（手段と提供価値の両方に対して対極を用いアイデア創造）

フィットネスクラブは伝統的に規模の大きな施設をもち、ジム・スタジオ・プールという三種の神器を備えるのが当たり前とされてきました。それに対して、ヨガスタジオや加圧トレーニングなどの規模を小さくして専門特化して特徴を出すサービスが2000年代に入り続々と登場してきます。ユーザーも業界も、まさにこの方向に向かうと想定していた。そこにもフィットネスクラブとは「本格的なトレーニングを行う」ものであるというバイアスがありました。
カーブスはこのバイアスを覆し、「簡単・手軽な運動を行う」フィットネスを創造し、小規模な場所で通常のフィットネスクラブよりも手軽な機器での運動を打ち出した。通常のフィットネスクラブで使用されるのは錘式のマシンが中心ですが、カーブスでは油圧式（動かす速さによって負荷が変わる）のマシンのため、使用される方の体力や体調に合わせられ、高齢の方でも安全に使えます。

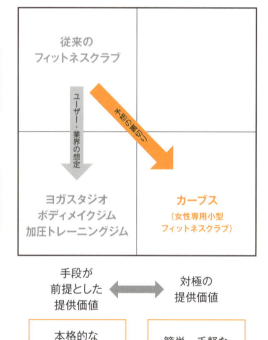

05 アイデアを決める
3つの決定基準にのっとって決定する

さて、アイデアの創造における最後のステップです。

ここまでで、アイデアの部品をたくさん出し、さらに統合を何度も繰り返してきました。今、わたしたちの手元には、さまざまな常識破りなアイデアがあることでしょう。

では、すべてを実現するのがよいのかといえば、そうではありません。アイデアには、「新しく、価値があり、実現できる」ということが大事だということを最初にお話ししたように、これらを選別の基準として利用します。

ただし、この抽象的な言葉に基づいて判断するのはいささか難しいです。そこで、これらの基本的考え方に基づいた、アイデア決定基準をこれから説明します。

まず、ひとつ目の基準は、

「意味がわかる人が少数」であることです。

「いいね」といってくれる人が10〜20%程度にとどまるのが望ましく、半数以上が「いいね」という場合、それは新しくないと判断しましょう。

2つ目の基準は、

「賛否両論が巻き起こる」ことです。

価値があるという人と、価値がないという人が両方表れ、意見対立や混乱が起こることが望ましく、大半の人が「価値がある」という場合、革新的とはいえないですね。

3つ目の基準は、

「不可能ではない」ことです。

ドラえもんのタイムマシンはたしかに欲しいですが、実現はいまのところ不可能ですね。不可能であってはいけません。

この3つの観点に照らし合わせてみて、アイデアを決定してみましょう。

もちろん、「カタチにしてみたい」アイデアであることが大前提です。そのアイデアの中で、3つの基準に照らし合わせた結果を踏まえて判断してみましょう。

図表2-16 | アイデアを決めるためのヒント

① カタチにしたい
　アイデア候補を選ぶ

目的実現に効果が高く、またそもそも創り手として創りたいと強く感じるアイデアをまず選びましょう。

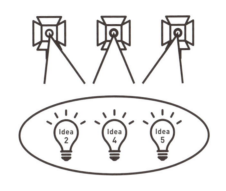

② 3つの基準に照らし合わせる

ひとつ目の基準「意味がわかる人が少数」であること、2つ目の基準「賛否両論が巻き起こる」こと、3つ目の基準「不可能ではない」こと、という3つの基準に照らし合わせてみましょう。
照らし合わせた結果、「新しく、価値があり、実現できる」アイデアを絞り込みましょう。

③ 選ぶ

私たちは機械ではありません。仮に絶対に効果が高いとわかっているアイデアであっても、自分たちがカタチにして世の中に送り出したいと思うものでなければなりません。
仮に、最終的に3つの案に絞られ、決め切れなかったとします。
そこで、次の質問をしてみましょう。「今すぐプロトタイピング(試作品を創る)してみたいアイデアはどれだろう?」。思い入れがあるアイデアであれば、すぐにでも、仮にその時間が夜中であったとしても今すぐにでも試作品を創ってみたいという衝動に駆られるはずです。

図表2-17 ｜ 自分だけが価値を知るものを創り出す

ほとんどの人が反対したウォークマン®

ソニーがウォークマン®を発売した当時、テープレコーダーやラジカセの全盛期であり録音機能付きやスピーカー内蔵が当たり前の時代でした。
ところが、ウォークマン®は録音機能なしの再生オンリー（聞くだけ）、スピーカーなしのヘッドホン付きというもので、既存商品と比較すると、説明する商品機能は少なくというか、ラジカセと比較すると肝心なものがなくなったというイメージのものでした。
当時の人にとっては意味がわからない、価値も感じられない、というものでした。当然と言えば当然ですが、ソニーのほとんどの社員が「売れない」という反応を示しました。社員だけでなく、当然取引先である電気店の販売員も「こんなもの、売れるわけがない」という拒否反応を示しました。
しかし、当時のトップである盛田昭夫氏はゴーサインを出し、ソニー史上最高といわれるイノベーションを実現しました。

社長以外の全役員が反対した宅急便参入

1976年、大和運輸（現在のヤマト運輸）は「宅急便」サービスを開始しました。
宅急便は個人宅への配送を行うものであり、当時は郵便局の郵便小包以外に明確には競合がいないにもかかわらず、参入する業者はいませんでした。理由は簡単で、個人宅への個別配送は当時の常識では配送効率が悪すぎると考えられていたためです。事実、ヤマト運輸の社内では、社長以外の全役員が、宅配事業参入には反対でした。
しかし、社長は、アメリカのユナイテッド・パーセル・サービス（米最大手の宅配業者）をたびたび視察して「絶対に需要はある。問題は1台当たりの損益分岐点を越えられるかどうかだ」と考えていました。ネットワークシステム全体の損益は、車両の損益の合計なので近い将来利益が出るだろうというのが、社長の読みでした。実際にその後急成長したのは周知の事実です。

CHAPTER 3

アイデアを試す

アイデアは形にしてこそ、人に手にとってもらえるし、評価をしてもらえる。
試作品を創って、使用する人たちの本音を聞けば、完成に一歩近づく。

01 プロトタイプを創る
アイデアをカタチに落とし込んでみる

　アイデアは、カタチにするまではアイデアの種、アイデアの素というほうが正しいです。

　なぜなら、みなさん同じアイデアを複数の人で、段ボールでも粘土でも、絵でも何でもよいのでカタチにしてみてください。おそらく三者三様のものができ上がると思います。アイデアはカタチにしてみなければ実は自分たちでも何を創ろうとしていたのかがはっきりはわからないのです。

　そして、アイデアをよりよいものにするためには、ユーザーに試してもらわなければなりませんね。そのためには、「手に取れるように」する必要があります。このため、実際の製品・サービスをユーザーが体験できるようなモックアップ（試作品）を作成し、製品・サービスの価値を伝えると共に使い勝手などを検証します。

　このことをプロトタイピングと呼びます。

　プロトタイプは、モノである場合、絵である場合、ストーリーである場合など、多様な形態をとります。

　プロトタイプは創りこんではいけません。創りこみすぎるとコストがかかるだけでなく、ユーザーが手に取ったときに正直な感想を述べづらくなります。

図表3-1 | プロトタイプ

モックアップ

手書きの絵

紙芝居（ストーリー）

図表3-2 ｜ プロトタイプを創る際のヒント

① ストーリーをたしかめる

そのアイデアがどの場面でどのように使われ、どのような価値をもたらすのかをたしかめるため、ストーリーをつくります。
ストーリーは、誰がどのような場面でどのような経験を得るのかがわかる一連の流れを明らかにするものです。
紙芝居や動画で作成します。
本当にこのアイデアは価値があるのか、効果があるのかを、実際のストーリーが成り立つかどうかをみてみることで確認することができます。

② 機能をたしかめる

そのアイデアがもつ「機能」に意味があるのか、作動するのかどうかをたしかめます。
そのために、最小限の機能を表示する試作品をつくります。
試作品は、その機能に意味があるのか、その機能は作動するのかを確かめることが目的ですので、細部までつくり込む必要はありません。

③ デザインをたしかめる

そのアイデアのリアリティをたしかめるために、概観をつくります。
価値は機能だけでなく概観にも現れます。
概観をつくり、価値が反映されているのかを検証します。

図表3-3 | 価値を見える化する①

ストーリープロトタイピング

Moff Band

Moff Bandは、スマホなどと連携し、アクションに合わせて効果音を出して遊べる"スマートおもちゃ"です。

コンセプトを公開した当時、腕につけたデバイスからスマートフォンなどと連動して多種多様な音を動きに合わせて出すという経験はそれまでのおもちゃの使い方とはまったく異なっており、テキストで説明されても全貌は理解してもらえませんでした。このため家庭内のリビングを舞台とした動画を作成し、経験を直感的に理解できるようにしました。

これはシーンを見える化したストーリープロトタイプと呼びます。

機能プロトタイピング

ダイソン

ダイソンは「吸引力の変わらない、ただひとつの掃除機」というコピーで、大ヒットした掃除機です。

デュアルサイクロン式という、竜巻のような空気の流れをつくり遠心力でゴミを除去する技術を用いていますが、その開発には創業前も含めて15年をかけ、その間に創られたプロトタイプは数千に及ぶそうです。改良に改良を重ねて創り出された掃除機は世界中で大ヒットしています。この場合も掃除機の機能面の検証が主目的の試作品であり機能プロトタイプと呼びます。

図表3-4 | 価値を見える化する②

デザインプロトタイピング

Twitter/mySociety

Twitterの創始者であるジャック・ドーシーが2000年5月31日にスケッチしたプロトタイプは、当時はstat.usという仮名で創られていました。このようなスケッチから誰もが一度は使ったり見たことのあるTwitterが生まれています。

政策決定過程への市民の意思、発言を反映するためのデジタルツールを開発しているmySocietyのディレクターであるトム・スターンバーグは、右図にあるような非常にシンプルなスケッチからWeb画面イメージを創っていきました。

2つのケースをご覧いただき、感じていただきたいのは、アイデアをイメージしそのリアリティや価値をくみ取るためには、まずビジュアルにしてみることと、まずはラフに描いてみることが大事であるという点です。
アイデアが固まるまで、えんえんとテキスト上で検討を続けるのではなく、ビジュアルにしてみることで、自身が何を創ろうとしていたのかをイメージすることが可能となります。
ビジュアルにしてみると、頭の中で考えていたことが形になり、イメージの相違に気づくことができるようになります。

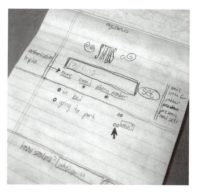

ツイッターのデザインプロトタイプ（創始者のジャック・ドーシー作）
クリエイティブコモンズ（www.flickr.com/photos/jackdorsey/182613360）

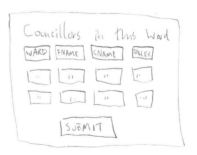

mySociety（イギリスの社会的企業）のデザインプロトタイプ
（ディレクターのトム・スタインバーグ作）
www.flickr.com/photos/tomsteinberg/4198485

02 ユーザーに試してもらう
適切な人物を選び、その人の本音をもらう

　アイデアをカタチにしたとします。一発でユーザーが満足するものができることはほぼあり得ません。
　このため、延々とユーザーの声を聞かずに創り続けることは、時間の使い方が間違っています。
　荒い段階でかまわないのでカタチにしてみて、ユーザーに試してもらい、反応を踏まえて創り直すのです。
　反応のもらい方についてです。まずユーザーに試してもらいます。そして、こう聞いてみましょう。「使いたいと思いましたか？」「お金を払ってでも欲しいと思いましたか？」「その理由は何ですか？」です。
　使いたいと思わなければユーザーにとって価値が感じられていない可能性があります。使いたいとしてもお金を払ってまでは使いたくないとしたら、売れるものにはなりません。いずれにせよその理由をしっかり聞いてアイデアの修正に反映させましょう。
　ここで大事なのは、「適切な人物に試してもらうこと」であり、「反応を正しく解釈する」ことです。
　ターゲットと異なるユーザーに試してもらい否定的な反応を受けたとしても、元々ターゲットではないユーザーの声ですので、受け入れすぎると、**アイデアが壊れます。**
　アイデアが壊れるとは、みなさんが幸せにしたいユーザーのために創ったものを、幸せにしたいと思っているわけではない人のために創り替えることになってしまうからです。
　また、例えば5％の人だけが欲しいという、残りの95％が欲しくないという場合、ニーズがないと判断するのは早すぎます。革新的であるほど、すぐにはユーザーがその価値を理解しにくいものです。もしかすると、この5％という数字は、価値を適切に伝える術があるのであれば、もっと向上するかもしれません。価値がすぐにわかる人が少ないだけなのかもしれないのです。

図表3-5 | ユーザーに試してもらう際のヒント

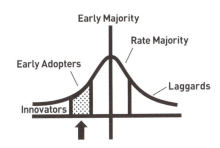

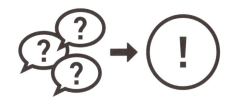

① アーリーアダプターを発見する

ユーザーは、新しいものを冒険的に率先して使うイノベーター、自ら情報収集し価値を理解した上で使い始める二番手としてのアーリーアダプター、世の中の多くの人が使い始めたのを確認して使い始めるフォロワーに分けられますが、鍵は価値をわかってくれるアーリーアダプターが使ってくれるかどうかにあります。

冷静に価値を見抜く目をもったアーリーアダプターの意見を聞きましょう。アーリーアダプターは「価値はわかるけど、僕は使わない」という明確な意思を表明してくれる人です。価値がわかるのであれば使う可能性があります。「使わない」要素を聞き出し、改善することで使ってくれる可能性が出てきます。

② ユーザー自身に価値を見出してもらう

ユーザーからフィードバックを引き出すとき、禁じ手が2つあります。それは、「理念・ビジョンを説明すること」と、もうひとつは「コンセプトを説明すること」です。

理念・ビジョンを説明することで共感が生まれ、プロダクトに対しても好意的なフィードバックをしがちになります。

また、コンセプトを説明するとそれで理解したつもりになりプロダクトへの評価が甘くなります。

このため、説明は避け、プロダクトだけ渡して使ってもらいます。

その上で、「どのような価値を感じたのか」「使いたいか、使いたくないか」「使いたくないとしたらどの点が問題か」を聞き出しましょう。

③ 正しい解釈を行う

イノベーションにつながるプロダクトは、新規性が高いのでユーザーにとっては「意味がわからない」可能性が高いです。そうしたとき、人は否定的な反応を示しがちです。

また、イノベーションの度合いが高いほど否定的である可能性があります。

このため、否定的な反応が続くことで「このプロダクトはニーズがないのではないか」という解釈をしがちになりますが、必ずしもそうではないということを理解しておく必要があります。

一方で、強く使いたいという願望をもつ人物が一向に現れない場合、そのアイデアにはユーザーが抱える苦痛を解いてくれるものではなかったと判断し、アイデアを創り直すという判断を行う必要があります。

図表3-6 | ユーザーの反応からアイデアを練り上げる

coconala

ココナラは「経験・知識・スキル」を誰でも個人で簡単に売り買いできるオンラインマーケットであるcoconalaを運営していますが、coconalaを運営する前は、ヘルスケア分野のサービスに取り組んでいました。サービスアイデアを考案する過程でユーザーインタビューを実施しました。患者の方々にインタビューするのは大変難しく、やっとの思いでヒアリングしたところ、強いユーザーニーズが存在しないということがわかり、アイデアを断念し、現在のcoconalaに軌道修正を行いました。

Dropbox

電子ファイルを保存、同期、共有、復元できるオンラインストレージサービスを提供するDropboxは、サービスリリース前に、当時のコンセプトであった「Throw away your USB drive (USBドライブなんかいらない)」や「Your data follows you (データがあなたを追ってくる)」を伝えるための約2分間の動画を作成して公開したところ、一晩でβ版公開予約リストが5000人から7万5000人へと急増しました。5000人のイノベーター型ユーザーから、動画公開によってその何倍ものアーリーアダプターからの反応を得ることができました。

Moff Band

Moff Bandは、スマホなどと連携し、アクションに合わせて効果音を出して遊べる"スマートおもちゃ"です。
基盤むき出しの段階で家庭を訪問し、子どもに使ってもらいました。そこで見られた光景は、無我夢中で遊ぶ子どもの姿でした。そして、その姿を見た親は、使われないけれど捨てられないおもちゃが再度輝く姿を見ました。
親は「使われなくなったけれど思い出の詰まったおもちゃが再生する」という価値を見出し、ユーザー自身が価値を見出すことにつながっています。

大きな胸を「小さく見せるブラ」

開発時にワコールが実施したアンケートでは、「大きな胸を小さく見せたい」というニーズをもつ女性はわずか10％程度であった。大きなメーカーでは通常10％のニーズの場合、商品化されないことが多いのですが、ユーザーの要望に応えることに、価値があると判断し、製造・販売へとつなぎました。結果として、同社の初年度での販売数が当初計画数の3倍を記録するに至りました。
このことは、ユーザーからの要望を正しく解釈した結果といえます。

CHAPTER 4

アイデアを完成させる

プロトタイプを使ったユーザーからの反応をどう活かすか？
ここがイノベーションと非イノベーションの分かれ道。

01 アイデアの修正点を明らかにする

目的、バリュー、ハードルを明らかにする

ユーザーに試してもらい、反応が返ってきました。
反応をどうアイデアに反映し、アイデアを修正するのでしょうか。
まず、反応を3つに分けて整理します。
ひとつ目は目的に関するもの、2つ目はバリューに関するもの、3つ目はユーザーの感じるハードルに関するものです。
==目的とは、「そもそも欲しいと思う理由があるのかどうか」です。==
実現したい願望がないところに解決策を提供していないかを確認しましょう。ないのであれば「目的を発見する」ところにもう1度立ち戻る必要があります。
==バリューとは、「それがあるから買いたくなる」というものです。==
「すごく気に入るデザインである」から買うというようなものです。
==ユーザーの感じるハードルとは、「それが満たされていても買いたくはなるというわけではないが、なければ欲しくても買わない」というものです。==
すごくデザインが気に入った帽子があって、買おうと思っても、1日でぼろぼろになるのであれば買わないですね。
ユーザーの感じるハードルに関する指摘は、何がノックアウトファクターになるのかを検討します。多くあげられた指摘の中で、==これはクリアしておかなければ絶対に使ってもらえないというものです。==
発見されたら、即座にクリアするための策を練ります。
一方でバリューに関する声は「用途拡張」という観点でとらえましょう。ユーザーは、創り手の意図とは異なるところに価値を感じるものです。
ユーザーが感じる価値の中で、目的を実現するのに有効性が強いものであれば、その指摘を反映してアイデアを練り直します。

図表4-1 | アイデアの修正点を明らかにするためのヒント

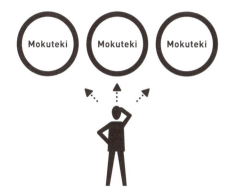

① 目的の存在を確認する

プロトタイピング結果を踏まえて、そもそもユーザーは、こちらが実現してあげたいと考える目的に対して切実に実現したいと願っているのかどうかを確認します。

もしかすると、実現してあげたい目的は、創り手の思い込み、自己満足なのかもしれない。目的がズレていたとすると、「CHAPTER1　目的を見つける」からやり直してみましょう。

② バリューの存在を確認する

目的が存在することは確認されたとしましょう。目的の存在が確認されたとしても、アイデアがその目的実現に対して有効かどうかはわかりません。

プロトタイピング結果を踏まえて、アイデアに価値があったのかを確認します。

アイデアに価値が十分に込められていないとすると、「CHAPTER3　アイデアを試す」からやり直してみましょう。

③ ユーザーのハードルを確認する

目的があり、アイデアの価値があることが確認されたとしましょう。ここですんなりとユーザーが使ってくれるかといわれると、そうではありません。「素晴らしいプロダクトですが、私は使いません」という場合は驚くほど多いものです。

例えば任天堂のWiiのようなゲーム機は、リビングで使うことを想定すると、家族団らんに役立つというアイデアには価値はありますが、お母さんが「リビングに大きなものが置かれるとスペースをとってしまう」「音がうるさい」「電気代がかかる」と考えれば、使うことを決めきれないという事態が生じるでしょう。

このように、ユーザーが使いたいけれど使えないハードルを明らかにしておきましょう。このハードルを越えなければユーザーの手には届けられません。

図表4-2 | 革新的だからこそ待ち受けるハードル

ルンバ

米国のロボット専業メーカーであるアイロボット社は、2002年に自動掃除機ルンバを発売しました。家庭用自動掃除機であるルンバは、家庭という家の中を動き回るものであるため、開発当時ユーザーから「排気の抑制」「器物破損回避」、そして家計を圧迫することのないよう「消費電力の抑制」といったクリアすべき要素が突きつけられていました。

ホーブディング

スウェーデンから生まれたホーブディングは写真にある首元に巻いたマフラー型の強化ナイロン製エアバッグです。大きなショックが伝わったとき、その動きを即座にキャッチしエアバッグが膨らむようになっています。
自転車乗車時にヘルメットを装着しなければ危険であることはわかっていても、髪型が乱れる、格好悪く見えるといった声を踏まえ、「装着しても見えない（事故が発生していない通常走行時はヘルメットには見えない）」というコンセプトのヘルメットを開発しました。
コンセプト開発当初、多くのユーザーから革新的アイデアと称賛をうけましたが、「誤作動・不作動アクシデントを避けることができるのか」という指摘があり、アクシデントを避け安全性を実証することが課題とされていました。

02 アイデアを完成させる
「あれかこれか」ではなく「あれもこれも」

革新的だからこそ、ユーザーからのフィードバックにより想像を超えた困難な課題を提示されます。「これらの課題はどれも難しく、対応できそうにない」という絶望感にさいなまれるかもしれません。

ここで組織の集団心理として何が現われるか。多くの場合、「優先順位づけ」。もっともらしい理由をつけて、本来は重要な複数の要素を少数に絞り込んでいきます。よく聞かれる話は「自社資源との親和性と課題解決へのインパクトの大きさによって優先順位をつける」というものです。このことは1つひとつの要素に個々ばらばらに対応し、トータルで何が何だかわからないものができるよりはいいですが、イノベーションかといわれると、イノベーションとの距離はまだ遠いままです。

論理的には、「あれもこれも」ではなく「あれかこれか」が正しいように見えます。しかし、イノベーションの世界では必ずしも正しいとはかぎらない。いや、間違う可能性が高くなります。イノベーションは、それぞれの要素を「あれかこれか」と列挙し、いずれかを選択していくことでは創造できません。本当に重要なのであれば「あれもこれも」と一挙に検討の俎上に載せ、一発で複数の要素をかなえる解決策を考えることが不可欠となります。

図表4-3 | イノベーションと非イノベーションを分けるもの

図表4-4 ｜ アイデアを完成させるためのヒント

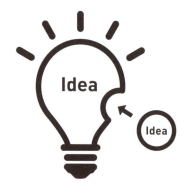

① ハードルを超えるためのアイデアを出す

同時には実現できそうもないハードルが見つかったとします。ここで重要なのは、どれかを実現して、どれかはあきらめるという妥協をしないことです。「あれかこれか」ではなく、「あれもこれも」を一発で実現できるアイデアを検討しましょう。

ひとつの課題に対してひとつのアイデア、という発想ではなく、複数の課題を一発で解けるアイデアを考え出しましょう。

もちろんすぐには出ないです。「アイデアを考える」のところで説明したように、最終的なアイデアにつながるアイデアの部品をまず出してみましょう。

② アイデアを統合する

複数の課題を一発実現（したいと考えて創られた）するために考えられたアイデアを部品として、そのエッセンスを抽出し、統合します。
この方法は、CHAPTER2の「03 エッセンスを統合してアイデアを創る」で解説した内容を用いてください。

図表4-5 | 最終関門をクリアした事例

ルンバ

74ページで紹介したルンバを発売したアイロボット社は、「排気の抑制」という点において、掃除したとしても、排気が多いとホコリを再びまきあげ掃除の意味がなくなるので、強力な吸引力の一方で、最小限の排気量を実現しました。また、「器物破損回避」という懸念点については前方に障害物を確認すると速度を落とし、優しく接触するソフトタッチバンパーを装備しています。また、「消費電力の抑制」という課題については、従来の掃除機を大幅に上回る省エネ設計を実現しています。

ホーブディング

74ページで紹介したヘルメット、ホーブディングは、「誤作動・不作動アクシデントを避けることができるのか」というハードルに対して、自転車走行時、自転車不走行時、事故時に関する膨大な動作データを収集・解析し、事故でない動作を事故と認識するという誤作動を回避し、事故を事故と認識しないという不作動を回避するセンサーシステムを開発しました。

PART 2

BUSINESS MODEL INCUBATION

ビジネスモデル・インキュベーション

プラットフォーム化する
ビジネスモデル

　みなさんはクックパッドを使ったことはあるでしょうか。日々料理をすることはほとんどないわたしでも、ごくまれにある機会ではクックパッドを使います。

　楽天ICHIBA（以下、楽天）はどうでしょうか。ユーザーである人も多いと思います。

　クックパッドも楽天も、ユーザー数はそれぞれの分野で日本最大を誇ります。

　これらのビジネスには特徴があります。それは、"急拡大することができる"ビジネスということです。

　そのカギは、"プラットフォームビジネス"であるということです。

　プラットフォームビジネスとは、プレーヤーが提供する財・サービスを、ユーザーと結びつける媒介となることで収益をあげるビジネスです。

　自分（自社）が提供するものだけでなく、他のプレーヤーが提供することを助ける、媒介をするのです。

　自らだけが財・サービスを提供する場合、自社のもつ制約によって急拡大が阻まれるかもしれません。

　しかし、プラットフォームの場合、他のプレーヤーを巻き込むことで、自社の制約を超えた拡大が可能となります。

　インターネットの進展により、プレーヤーとユーザーがそれぞれ時間と空間の制約を超えてつながることができるようになっています。

　自分ですべてをまかなうよりも、世界中に存在する提供できる財・サービスをもつプレーヤーとユーザーをインターネットを用いて結びつけることができるようになっています。

　自分だけではできないことをプラットフォームビジネスを手掛けることにより、できるようになっており、さまざまなビジネスが今、プラットフォームビジネスの形態をとるようになってきているのです。

　右ページの図表で、プラットフォームビジネスの構造を示しておきます。その上で、プラットフォームビジネスを成立させる上での8つの主要な検討項目について述べます。

①誰が潜在ユーザーか？

　プラットフォームが対象としているユーザーは誰か。ターゲットとするユーザーの特徴は何か。

図表 | プラットフォームモデルを考える

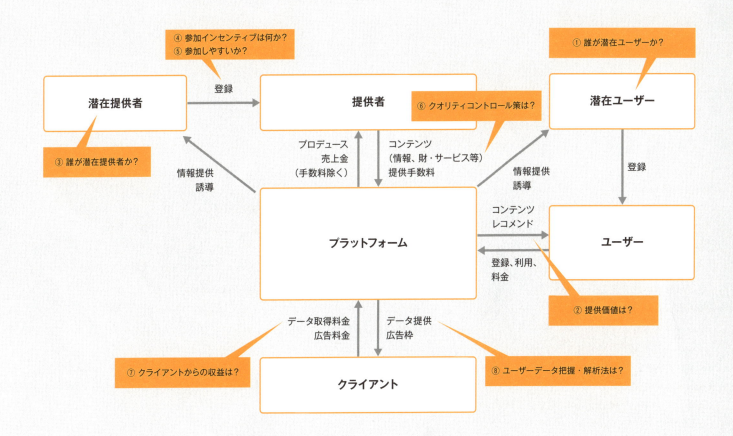

提供者とユーザーを媒介することで、潜在提供者からの参加料、ユーザーと提供者を仲介する際の手数料、事業者からの広告料、プラットフォームで媒介されるデータを蓄積・分析し提供するデータ提供料を収入としたモデルが成り立つ。プラットフォームビジネスを成り立たせるために特に検討しなければならない点には、主要なもので8点あります。
8つの点を具体的に探究し、ビジネスを強固にしていきましょう。

②**提供価値は？**
　プラットフォームが媒介する財・サービスはユーザーにとってどのような価値をもつか。

③**誰が潜在提供者か？**
　プラットフォームにコンテンツを提供する可能性のある対象者は誰か。ターゲットとする提供者の特徴は何か。

④**参加インセンティブは何か？**
　潜在提供者がプラットフォームに参加するにあたっての動機は何か。何を目的にプラットフォームに参加するか。経済的インセンティブと自己承認欲求を満たすという社会貢献型もある。

⑤**参加しやすいか？**
　プラットフォームへの登録のしやすさ、コンテンツの提供のしやすさ、面倒さが排除されているか。

⑥**クオリティコントロール策は？**
　ユーザーにとって価値が感じられないコンテンツが流通してしまうと、ユーザーがプラットフォームを使わなくなってしまいます。
　コンテンツの質を低下させないための工夫、ルールづくりが求められます。

⑦**クライアントからの収益は？**
　プラットフォームを利用するユーザーが求め、プラットフォーム上では媒介されない財・サービスに関する広告や、プラットフォームが蓄積するデータを提供することで収益をあげることができます。

⑧**ユーザーデータ把握・解析法は？**
　アットコスメは化粧品に関する口コミデータを把握・解析し、化粧品メーカーに提供しています。クライアントが欲しいと考えるデータをユーザーから取得し、解析する方法を検討します。

　こうしたことを踏まえつつ、ビジネスモデルの解説を行っていきます。

※プラットフォームには、iPhoneなどのように他の製品・サービスが利用する基盤を提供する基盤型と、提供プレーヤーとユーザーを媒介する媒介型がありますが、ここでは媒介型を対象としてプラットフォームビジネスといっています。

PART2の全体像

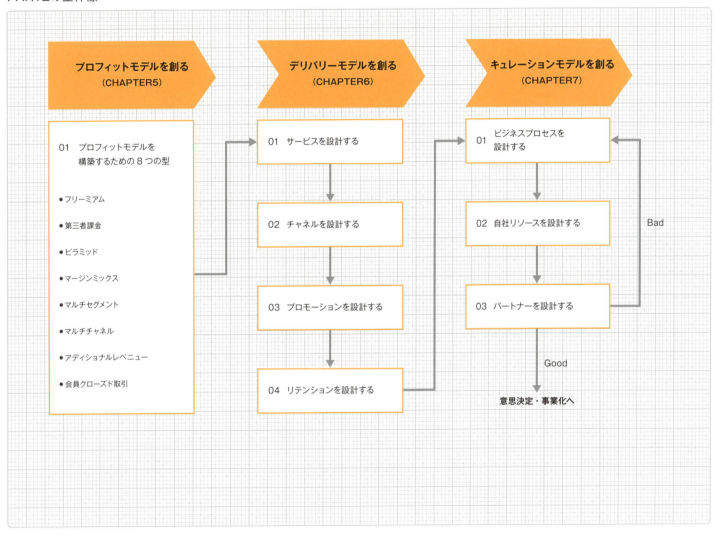

CHAPTER 5

プロフィットモデルを創る

利益は前提条件。「このモデルだと、これくらいの利益」ではなく、
「これくらいの利益が必要だから、このモデル」という発想が大切。

01 プロフィットモデルを構築するための8つの型

アイデアからどのように利益を生み出すか

　利益はビジネスモデルを動かした結果ではなく、ビジネスモデルを創り出す前提条件です。

　「この製品を、この顧客に、このリソースを使って、このチャネルで販売するから、利益はこの程度となるだろう」という発想をしているとすると、根本からその発想を見直す必要があります。

　なぜなら、「どの程度のユーザーに最終的に製品・サービスを届けたいのか」が不明確であることの証明だからです。

　利益とはもちろん単なる儲けではなく、より多くのユーザーによりよい製品・サービスを創り出し届けるための原資です。

　その原資を拡大するために利益はあるのです。つまり、「原資がどの程度必要だから、どの程度の利益をあげなければならない」という発想が欠落していることに他ならないのです。

　こんな状況は少なくありません。

　「革新的製品、サービスコンセプトを創り、リソースを調達して創り、届けた結果、利益が出ない……」

　これは順番がまったくの逆なのです。

　「この製品を販売することでこの程度の利益を得るために、このリソースを使って、このチャネルを選択する」という発想が必要です。そうすると、次のようなセリフが聞こえてくるはずです。

　「このチャネルを選択することはできない。なぜならコストがかかりすぎ、目標利益に到達できないからだ」

　次ページから示すプロフィットモデルを参考に、まずはプロフィットモデルを創り出しましょう。

図表5-1 | プロフィットモデルを構築する際のヒント

① フリーミアム

ベースとなる商品・サービスを無料で提供し、付加機能がついた商品・サービスを有料で提供。LINE、Skype、Dropboxなど。
成功要因は、ユーザー数を確保すること、そのためのフリーコンテンツのクオリティ確保です。

② 第三者課金

サービスを提供する直接のユーザーではない相手に課金する。広告、アフィリエイト収入を得る。Facebookなど。
成功要因はユーザー数に加えてユーザーがどのようなカテゴリーに分かれるのかを示すユーザーセグメンテーションが明確であること（明確でなければ広告効果が読めないため）。

③ ピラミッド

ローエンドからハイエンドまで商品をそろえ、ローエンドで価値を伝え、ハイエンドで収益をあげる。スウォッチなど。
成功要因は、ローエンドの商品が価格に見合わない価値をもつこと（価格よりも価値のほうが大きく上回る状態）です。

④ マージンミックス

収益をあげないが顧客にとって魅力のある商品で引き込み、別の収益品を同時販売してトータルで収益をあげる。
吉野家、ユニクロなど。成功要因は、顧客にとって魅力あるが収益を圧迫するほどの商品のクオリティです。

⑤ マルチセグメント

同じ商品をセグメントに応じて価格を変え、高価格セグメントで収益をあげる。
子ども向け映画、遊園地など。
成功要因は、高価格セグメントの購買必然性を創り出すことです（子どもが観るので親が同伴する必要があるなど）

⑥ マルチチャネル

チャネル別にマージン率を変更し、低マージンで露出し顧客の認知を高め、高マージン商品を購入してもらう。
ペットボトル飲料など。
成功要因は、低マージン商品の露出度です。

⑦ アディショナルレベニュー

本体製品はロープライスで、補完製品を高マージンで販売して収益をあげる。
プリンターとトナーなど。
成功要因は、本体製品にあたるものの設置率です。

⑧ 会員クローズド取引

会員登録をしたユーザーだけに特別な価値を提供し、クローズド取引を行い、継続的に課金する。
レコチョク、定期購読など。
成功要因は、取引の必然性、ユーザーからみた選択肢の多様性（他のサービスを利用する必要がないほどの選択肢の広さ）です。

図表5-2 | プロフィットへの流れを創り出す事例

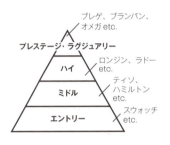

| フリーミアム | 第三者課金 | ピラミッド | マージンミックス |

LINE

無料通話・無料メールアプリLINEを使っている、または使ったことがある方は、なぜLINEが収益をあげられているのだろうかと疑問をもつかもしれません。これは、例えばLINE自体も、スタンプやゲームなどのサービスは基本的に無料でも楽しむこともできますが、よりたくさんのスタンプを使いたい、ゲームでより高い点数を取りたい場合などには有料のアイテムを購入することもできるようになっています。このような仕組みをフリーミアムモデルと呼びます。

Facebook

Facebookユーザーの中で、Facebookにお金を支払ったことがない人が大半ではないでしょうか。
にもかかわらずFacebookが高収益を実現しているからくりは、売上高の約9割が広告収入で構成されているためです。
多くのユーザーがサイトを訪れます。そこに広告を打つことでたくさんの人に見てもらえます。属性ごとに広告を打つこともももちろんできます。ユーザーが13.5億人に達するFacebookはユーザー課金ではなく広告で収益を上げています。
この方法は第三者課金と呼びます。

スウォッチ

スウォッチグループはまず誰もが手に取ってその価値を感じられるようエントリーブランドはファッション性に優れ、価格が安いスウォッチを提供しています。その上でスウォッチを購入した人々が所得の増加やさらなる価値を求めて次のステージに進むことを促し、ミドルレンジ、ハイレンジ、プレステージ・ラグジュアリーレンジの4つのステージ（ブランド群）が用意されています。この方法は、ピラミッドと呼びます。

吉野家

牛丼並盛1杯300円というのは破格に感じられるのではないでしょうか。からくりは、牛丼だけで儲けようとしているのではなく、サイドメニューの玉子や味噌汁、サラダなどで儲け、合わせ技で利益をあげています。
この方法はマージンミックスと呼びます。

| マルチセグメント | マルチチャネル | アディショナルレベニュー | 会員クローズド取引 |

子ども向け映画

お子さんと一緒に、子ども向け映画を観にいったことがある方も少なくないでしょう。その映画の料金は、子どもは900〜1000円程度、大人は1800円程度という価格になっています。子どもだけで観るのではなく親が同伴することを見越して親には子ども料金より高い価格で視聴していただきます。この方法は、顧客セグメントによって価格を変えるため、マルチセグメントと呼びます。

ペットボトル飲料

ペットボトル飲料は、スーパーでは低価格で、自動販売機では割引きなしの価格で売られています。これは、スーパーでは価格を武器にして来客に対してその存在認知を図り、自動販売機では喉が乾きその場その時に購入したい人は割引きなしで購入してもらうことで高い収益を得ることを狙っています。これは、チャネルによって価格を変えており、マルチチャネルと呼びます。

トナー

みなさんがオフィスや学校、コンビニなどで目にするコピー機のほとんどは、低価格でリース（貸出）されています。低価格で貸し出していますが、収益性は高いです。
からくりは、本体製品は低価格で、補完製品を高マージンで販売するからです。補完製品とは、トナーです。コピーするほどトナーは追加的に生じるため、ここで収益をあげます。
この方法はアディショナルレベニューと呼びます。

レコチョク

レコチョクが提供するのは定額音楽配信サービスです。60年代以降のJ-POPを150万曲以上収録しており、月額は980円で聴き放題です。
もちろん、すべてのミュージシャンの楽曲が聴けるわけではないですが、980円という低価格・定額が魅力です。
この方法は会員登録をしたユーザーだけに特別な価値を提供し、クローズド取引を行って継続的に課金するため、会員クローズド取引と呼びます。

CHAPTER 6

デリバリーモデルを創る

せっかくのアイデアもユーザーに届かなければ、意味がない。
4つの要素を考慮しながら、届け方を考える。

アイデアの価値を顧客に
どのように伝えるか、届けるか

　アイデアを創造したとしても、そのアイデアを顧客や利用者に伝えなければ、あるいは、届けなければ、意味がありません。

　想定した利益を確保するために、ユーザーにアイデアを届けるための仕組みを創り出します。

　ユーザーにアイデアを届けることを、デリバリーとここでは表現します。

　どうやってアイデアの価値を顧客に伝えるか、届けるかというデリバリーモデルについて考えていきます。デリバリーモデルでは大きく4つの要素があります。ひとつ目はサービス、2つ目はチャネル、3つ目はプロモーション、4つ目はリテンションです。この4要素について検討することでデリバリーモデルを完成させていきます。

　ここでは、4要素について簡単に解説します。

サービス

　コンセプトを「使ってもらう」ためには、実際に手にとって使うための「使い方」をデザインしなければなりません。このことを「サービス」のデザインといいます。使ってもらうために、使いやすくするためにサービスを検討します。

チャネル

　アイデアの価値を届けるチャネルについて検討します。店頭販売なのかネット販売なのか、直販なのか代理店経由なのか、コンビニエンスストアなのか大型スーパーマーケットなのか、どこのECサイト経由にするかどうか……といったことを検討します。

プロモーション

　アイデアの価値をどのように顧客/利用者に伝えるかについて検討します。マスメディア（テレビ、ラジオ、新聞、雑誌）なのかWebなのか、Webであればどのようなプロモーションを行うか……といったことを検討します。

リテンション

　プロダクトやサービスは、1度きりではなく継続的に使ってもらうことが理想です。そのためにはユーザーを惹きつけてやまない仕掛けが必要です。

　ユーザーをどのように惹きつけるかを検討します。

　次から、この4要素を1つずつ検討していきましょう。

01 サービスを設計する
「買いやすさ」「使いやすさ」をデザインする

よいプロダクトを創り出したとしても、ユーザーにとって「必要なときに手に入る」ものでなければ価値は出ません。**ユーザーが買いやすく、使いやすくすることをサービス設計といいます。**

サービスは、ユーザーが使うシーンに合わせてその使い方をユーザー自身が設計できるようにします。ユーザーは同じプロダクトであっても千差万別のシーンで使うものです。そのシーンに合わせた使い方を指南します。指南を行うにあたっては、ユーザーサポートを拡充することなどが行われます。

また、個々のユーザーのシーンに合わせて個別カスタマイズすることも多く見られます。

使い続けることで摩耗したり、故障したりすることは当然想定されるが、その場合も使い続けられるようにするためにメンテナンスなどを行います。

近年では、同じプロダクトを使うユーザー同士を、同じ興味・関心・ニーズをもつ人同士でつなぐコミュニティ化を行うケースが増えており、プロダクトを介したユーザーのつながりを創り出し、継続利用につなげています。

図表6-1 | サービスを設計する際のヒント①

① 保証	② 細部対応	③ 試用
サービスや製品の誤購入や故障を想定した買い控えの回避、購入後の損失を回避することで持続的利用を促す。	ユーザーの想定を超えたきめ細かな対応を行う。	ユーザーが購入前に使用イメージをもち安心して買えるために使ってみることができるようにする。直接の試用とサイバー上での試用がある。

図表6-2 | サービスを設計する際のヒント②

④ コンシェルジュ
顧客が行いたいことを代理で行い、ニーズを満たす。

⑤ リース／ローン
初期費用を抑えてユーザーの買いやすさを高める。

⑥ カスタマイズ
ユーザーの状況に合わせてカスタマイズする。

⑦ ロイヤリティ
利用頻度が高い、利用額が多いなど優良と判断されたユーザーに対して特別な対応を行う。

⑧ コミュニティ形成
ユーザー同士で情報を交換し関係構築することで安心感、居場所を創り出し、サービスの利用ハードルを下げる。

⑨ セルフ
ユーザー自身に裁量を与え、コントロールしてもらう。

保証

ZIPPOライター

高級ライターブランドであるZIPPOライターは、数十年前に購入したライターでも、故障の際にはもう一度使えるように無料で修理する無料生涯保証制度を設けています。

ZIPPOライターは企業名や個人名を印字するケースも多いなど愛着をもって使用するユーザーが多く、永久無償保証はユーザーにとって大きな付加価値になっています。

図表6-3 | ユーザーの使いやすさを探究したサービス設計の事例①

https://www.sololel.com/

細部対応

時間帯お届けサービス

ヤマト運輸は、宅配便業界に先駆けて「届ける時間帯を指定できるサービス」を1998年に開始しました。

荷主である送り手側が受け取り手の都合を勘案して、何時頃に届ければ受け取れるかを踏まえて宅急便の送り状に記入し、指定時間帯に荷物を届けるというものです。

確実に在宅時間に荷物を受け取れるというユーザーにとっての価値が拡大するだけでなく、留守時間に配達して2度3度となる配達の手間を省くことにもつながっています。

試用

Virtusize

アパレルECサービスを展開するスウェーデンのVirtusizeは、自分のもっている服との比較によってサイズ感を把握できるようにするサービスを提供している。すでにもっている服と比べて、何センチ大きい、短い、という比較がビジュアルで可能となるため洋服をECで買う際のサイズの不安感を取り除いています。

また、Virtusizeは2Dによる簡単でわかりやすいサイズ比較を可能にしており、使いやすいものになっています。

コンシェルジュ

SOLOEL

SOLOEL（ソロエル）は、オフィス用品のスピード配送でおなじみのアスクルが大企業グループ向けに2008年より提供している間接材購買サービスです。

SOLOELが間接材の一括購買の仕組み＝電子篩（ふるい）をご提供することで、お客様の購買代理人として購買業務の最適化、効率化をお手伝いします。お客様のあらゆるご要望に応える"コンシェルジュ"の役割は、企業からも高い評価を得ており、日本の名だたる企業も利用しています。

リース／ローン

残価設定ローン

単価の高い車を購入する際にユーザーの購入ハードルを下げるために講じられている工夫のひとつが残価設定ローンです。

例えば3年後の下取り査定額（残価）を設定し、あらかじめ車両価格からその残価を差し引いて、残りの金額をローンで支払うという物です。

「新車が半額で乗れる！」といったコピーがまさにこれです。このことで支払い金額を抑え、購入のハードルを下げています。

図表6-4 | ユーザーの使いやすさを探究したサービス設計の事例②

カスタマイズ

走行距離別保険料

損害保険会社各社は、自動車保険のラインナップとして、自動車の運転状況に応じて保険料率を変更する走行距離別保険料を導入している。
長距離を走行するユーザーとあまり運転をしないユーザーで保険料が同じという状況を回避し、運転距離に応じて保険料が変わるようにしている。
このことで自身の運転状況に最適な保険料を設定でき、購買しやすくなっている。

ロイヤリティ

星野リゾート

星野リゾートが運営する星のや軽井沢は、現在1年以内のリピート率20％（2014年現在）、稼働率は約80％（旅館の全国平均約50％）となっています。
秘訣は従業員の顧客への「気づき」を高めるための自由裁量付与と顧客満足度アンケートの徹底分析による満足度向上策の実施などにあります。
来館回数に応じた接客や滞在提案を行い、閑散期でも価格を下げずにリピーターの満足度を向上する施策を講じています。

コミュニティ形成

ハーレーオーナーズグループ

オートバイのハーレーダビッドソンは、ハーレーに乗る機会を増やすためマイレージプログラム、マイレージコンテスト、走りの殿堂、ABCツーリング、ディーラースタンプ コレクションなどのイベントでユーザー同士のつながりを深めています。ハーレーオーナーズグループ（会員数約3万5000人）は入会後、メンバーとして適格ではないと判断された場合、強制的に退会させることができることで、秩序を守っています。
コミュニティの存在が購買への動機づけにつながっています。

セルフ

ケアプロ

ケアプロは、ワンコイン（1項目500円）から血液検査等の医療サービスを提供しています。
医師の指示がないと採血できないため、採血を「自己検査」と位置づけ、指先に使い捨ての針を軽く刺す簡単なキットを開発し提供しています。
高度な専門サービスを受けなければ提供されなかったサービスを安価で自分自身が行えるように転換し、購買および利用がしやすくなっています。

02 チャネルを設計する
最も適切なルートでプロダクトを届ける

　よいプロダクトを創り出したとしても、ユーザーにとって、そして提供者にとっても持続性のある最適なルートで届けられなければなりません。
　この最適なルートのことをチャネルといいます。
　ユーザーにプロダクトを届けるルートは千差万別ですね。その千差万別のルートの中から最適なルートを見出し、設計します。
　ユーザーにプロダクトが届くまでには、「認知」「評価」「購入」「経験」というルートがあり、その後使用経験を「シェア」するに至ります。「認知」はテレビやインターネットなどでその存在を知らしめるコミュニケーション・チャネルと呼ぶことができます。「評価」「購入」はプロダクトを手に取り、評価検討した上で購入してもらうという販売チャネルと呼ぶことができます。「経験」「シェア」はプロダクトを実際に使ってみてその経験値を周知するという経験チャネルと呼ぶことができます。これらのチャネルを組み合わせ、最適なルートを創り出します。

図表6-5 ｜ ユーザーにプロダクトが届くまでのルート

図表6-6 | チャネルを設計する際のヒント

① ダイレクト
中間事業者を挟まずに直接エンドユーザーに届ける。

② エージェント
エンドユーザーへの認知度、ネットワークが薄い場合、直接届ける効率が悪い場合など、効率よく届けられるリソースをもつパートナーに販売を依頼することが有効。

③ 価値体感
プロダクトの価値にユーザーが触れ、価値を実感することができる仕掛け。
アップルストア、スターバックスなど。

④ 基地局
プロダクトの価値を伝えるための象徴となる店舗。
ナイキストア、ネスプレッソブティックなど。

⑤ オンデマンド
必要なときに、必要な場所で必要なカタチに変換して手に入れることができる。

⑥ オムニチャネル
複数のチャネルを組み合わせて一連の経験を提供する。
チャネルが個々独立、バラバラに存在するのではなく相互に関連づけてユーザーからみて一連の経験提供となっている。

⑦ クロスセル
複数のプロダクトを組み合わせることで価値を拡大し、豊かな経験を提供。

図表6-7 | ユーザーまでの最適ルートを設計する事例①

 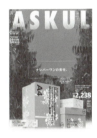  

| ダイレクト | エージェント | 価値体感 | 基地局 |

キンドル

書籍などのネット通販を行う米国総合オンラインストアAmazon.comが2007年に米国で、12年に日本で発売した電子書籍リーダーシリーズ。ユーザーはKindleストアから電子書籍を購入し、わずか数十秒でダウンロードして読み始めることができます。

アスクル

オフィス用品などさまざまな仕事場で必要な商品のスピード配送で急成長したアスクル。従来の流通構造を機能的かつ合理的に再構築し、全国の文具店をアスクルとお客様を結ぶ大切なパートナー(エージェント)として構築した機能的かつ合理的な流通プラットフォームが、アスクルモデルといわれています。
「お客様のために進化する」という企業理念のもと、お客様の声に耳を傾けながら進化しており、工場や医療・介護施設でのご利用も広がっています。

スターバックス

スターバックスはリアル店舗をもつことの価値を実感してもらいます。通信販売やネット販売では伝えきれない価値を店舗全体をトータルでデザインすることで伝えています。スターバックスは顧客に価値を感じてもらうために、「高品質のコーヒー」「従業員(パートナー)のサービス」「くつろぎの空間」を通して、スターバックスだからこその体験を提供しています。店舗内が禁煙なのはコーヒーの質を守るためです。

ネスプレッソブティック

ネスプレッソとはネスプレッソ社が発売しているコーヒーメーカーです。独自のカプセルにコーヒーの味わいと香りが封じ込められており、ネスプレッソに入れて、簡単な操作でコーヒーが楽しめます。カプセルは、通販でも購入できますが、直営店であるネスプレッソブティックは、ネスプレッソマシンによって得られる経験をユーザーに体感してもらうことができます。
リアル店舗で体験することによって価値を発信しています。

図表6-8 ｜ ユーザーまでの最適ルートを設計する事例②

オンデマンド

あきんどスシロー

回転すしチェーンを運営するあきんどスシローは、客の好みを予測する回転寿司店「回転すし総合管理システム」を導入しています。
このシステムは、寿司皿に電子タグを取りつけ、顧客が選択した寿司を把握、売れ筋状況を分析、最適な商品の流し方をキッチンのディスプレイに表示し、顧客が欲しいものを欲しいときに提供しています。

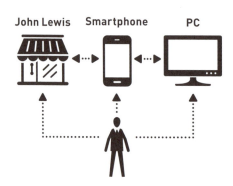

オムニチャネル

ジョン・ルイス（John Lewis）

イギリスの百貨店チェーンであるジョン・ルイスは、店舗で商品を見てネットで買うという流れに対して、それまで別々のチャネルであったリアル店舗とネットを融合しました。
例えば店舗内にWi-Fiを飛ばしてネットに繋がるようにして、店頭の商品をウェブでも購入できるようにし、QRコードを商品につける、ウェブで安売りがあるなど、積極的にウェブへとつなげています。「クリック・アンド・コレクト」と呼ばれるネットで注文して店舗で受け取るサービスの利用者はオンライン購入者の3割に上っています。

クロスセル

イオンハウジング

イオングループの小売部門を管理運営するイオンリテールは、ショッピングモール内で住宅関連のサービスを提供しています。モール内で住宅関連商品を購入したお客様はもちろんのこと、訪れた人に、住宅購入・売却、リフォームサービスはもちろんのこと、クレジットサービス、住宅ローンサービスを合わせて紹介し、住宅関連サービスをトータルで検討できるようにしています。

03 プロモーションを設計する
価値をどう広く深く伝えるかの手法を確立

よいプロダクトを創り出したとしても、ユーザーにとってその存在が認知され、価値を知ってもらえなければ手に取ってもらうことはできません。

ユーザーに存在認知を促し、価値を適正に伝達する手法がプロモーションです。

良質なプロダクトであったとしてもユーザーに認知が広がらないケースは山のように存在します。

例えばロッテは、定番商品であったガーナミルクチョコレートに対して、母の日に「真っ赤なGhana」キャンペーンを2003年からテレビCM、新聞広告を用いたマスプロモーションを行いました。こうした取り組みが浸透し、今では「母の日にはカーネーションと一緒にチョコレート」という光景も珍しくなくなっています。売上を拡大させることに成功しているといえるでしょう(詳細は102ページ参照)。

価値を広く深く伝えるプロモーション手法を確立する必要があります。

図表6-9 | プロモーションを設計するためのヒント

① マスプロモーション

大衆に対して一気呵成に価値を訴求する手法。対象者が幅広い、汎用品であるなど大衆に働きかけることが有効な場合に適用。テレビCM、新聞広告など。

② 個別プロモーション

指定された対象者に対して限定して価値を訴求する手法。個別具体的な対象者に働きかけることが必要な場合に適用。DM、ネット広告など。

③ トライアル

サンプリング、モニタリングなど、ユーザーに使用してもらうことで価値を感じてもらう。

図表6-10 | 価値の伝達力を高める事例①

マスプロモーション

ガーナミルクチョコレート

「ガーナミルクチョコレート」は「女の子を元気にする赤いチョコレート」。そこから、ある1人の社員が、「母の日」のカーネーションから「ガーナ」の特徴である赤いパッケージを連想し、「母の日」と連動したPOPを発案したことがきっかけでした。小学生でも買える手頃な赤いパッケージの「ガーナ」を、お母さんへの感謝の言葉とともに渡してもらう。「母の日」に「食べる」および「渡す」という新たなシーンを広げ、『ガーナ』を"家族団らん"のコミュニケーションにいかしてもらう。北海道のお店の販売促進から生まれたユニークな「母の日」アイデアは、見事にお客様の心をつかみました。売り場の一角を真っ赤な「ガーナ」で覆う「母の日ガーナ」キャンペーンは全国へと拡大しました。今では季節の定番イベントにまで成長しました。ロッテのCM契約タレントである人気の若手女優が「母に対する感謝の気持ち」を語ったテレビCMや新聞広告が印象的でした。

個別プロモーション

SOS Children Village

ベルギーのNGO「SOS Children Village」は、家に住めない子どもにボランティアの母親たちによる居住支援を行っています。居住施設の修繕にかかる膨大な費用を募るためにベルギーの大手金融紙に1度だけ、ベルギーの産業界を牽引する6名の経営者に的を絞った広告を載せて募金活動を展開しました。

「あなたの成功はまだ99%です。あと1%足りません。最後の1%は子どもたちに手を差し伸べることです」というメッセージを"YOU ARE THE 99%"と題して、6名の経営者の名前をともに記載し、1社のCEOから援助の約束を獲得しました。

図表6-11 ｜ 価値の伝達力を高める事例②

トライアル

ドイツのアウトドアブランド「EVOC」

EVOC社はシールド構造で、背後からのどんな衝撃も吸収して脊髄損傷から守るというバックパックの頑丈さをアピールするために、ベルリンの市内に「絶対に壊すことができない看板広告」を設置しました。人々はサンドバックのように衝撃を加え、上部には与えた衝撃のスコアも表示されるものでした。参加した人々は、ソーシャルメディア上でこのアクションの様子をシェアし、低コストで大きな認知を獲得し、メディアでの取り上げられる件数も拡大しました。

出所：Publicis Germany (https://www.youtube.com/watch?v=mShuK_YnYUI)

04 リテンションを設計する
価値を感じ続け、使い続けてもらうために

　ユーザーと1度きりの関係でよいのだろうか。もちろん1度きりではなく、継続的に価値を感じてもらうことが理想です。

　ユーザーは効能を得るためだけにその商品、サービスを使うのではありません。社会貢献や、他者からの承認を求めてサービスを利用するものです。この特性を生かして、ユーザーに利用状況に応じたステータスを付与することで継続利用につなげることができます。

　また、ユーザーは同じプロダクトであっても千差万別のシーンで使うものです。そのシーンに合わせた使い方を指南するパーソナルアシスタンスも有効です。

　近年では、同じプロダクトを使うユーザー同士を、同じ興味・関心・ニーズをもつ人同士でつなぐコミュニティ化を行うケースが増えており、プロダクトを介したユーザーのつながりを創り出すことも有効です。

　ユーザー自身が提供側の活動に参画することで主体性をもち、ユーザーが提供者の視点をもつことで深い関係を築くことにつながります。

　現実的な表現を用いると、リテンションの目的は、取引の拡大と他のプロダクトへのスイッチを防ぐことです。

　リテンションに対する打ち手を講じることにより、プロダクトは変化することにもなります。

　使い続けるということは、ユーザーの琴線に触れ続けるということであり、そのためには変化するニーズを細かくとらえていく必要があります。

　このため、リテンションによってプロダクトは変化し、進化していくことにもなるのです。

　変化、進化し使い続けてもらうためには、1度購入してくれたユーザーと、新たなユーザーでは、両者を同じように重視することが求められます。1度購入してくれたからという安心感が離反を招くことは明らかです。

　ユーザーに自社または自社プロダクトを好きでい続けてもらうためには、甚大な努力が必要であるという理解が求められます。

図表6-12 ｜ リテンションを設計する際のヒント

① ステータス付与

利用状況によって公（おおやけ）の承認を与え、承認を求めてプロダクト、サービスを繰り返し利用してもらうための仕掛け。

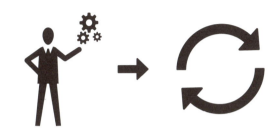

② パーソナルアシスタンス

ユーザーへの個別サポートを行うことによりユーザーの満足度を高め、繰り返し利用につなげる仕掛け。

③ コミュニティ形成

ユーザー同士でのコミュニケーションを促進し、ユーザー同士の関係性に魅力を感じてサービスに対して繰り返し接点をもつ、使い続ける仕掛け。サービス内SNSなど。

④ 共同作業

ユーザーがビジネスプロセスに関与することで受け身ではない主体的な関わり方を創り出し、主体者としての魅力を感じてもらう仕掛け。

図表6-13 | ユーザーを魅了し続ける仕掛け①

ステータス付与

航空各社

航空各社は、フライトステイタス（利用状況、実績）によって優先予約、マイル付与、空港ラウンジ使用等の特典を提供しています。JALでは、10万FLY ONポイントに該当するとダイヤモンド、8万FLY ONポイントでプレミア、5万FLY ONポイントでサファイア、3万FLY ONポイントでクリスタルとしてグレードを設け、上位ステータスとなることによって継続利用を促しています。

パーソナルアシスタンス

イケア組立サービス

スウェーデン発の家具・生活雑貨を扱うイケアは、購入した家具の組み立てを代行する家具組み立てサービスを全商品に対して展開しています。サービスは、基本工賃（5000円）と組み立て希望商品の購入金額の20%で組み立てを実施しています。
このことにより、組み立てが面倒であることが購入のハードルとなっているユーザーにとっては、継続的にイケアを利用するモチベーションとなっています。

コミュニティ形成

Facebook

Facebookに毎日アクセスする人は登録ユーザーの6割に上り、1日平均15分利用しているといわれます。
これだけの利用率を実現している要因は、リアルグラフと呼ばれる現実世界の知人関係を再構築、深めることができ、またソーシャルグラフと呼ばれる趣味・嗜好が近い人との関係を構築できるという、社会的属性と趣味・関心という人間関係を形成する別々の主要因が同居している点もひとつの鍵です。

図表6-14 | ユーザーを魅了し続ける仕掛け②

© GungHo Online Entertainment, Inc. All Right Reserved.

コミュニティ形成

パズドラ

パズル&ドラゴンズというゲームアプリは、アプリダウンロード後の継続利用率が高いのが特徴です。

この秘訣は、無課金でも楽しめるゲームつくり、アイテムを釣りにした勧誘を行わない、ユーザーと運営をつなぐ身近な存在をつくる、といった「ポカポカ運営」と呼ばれるユーザーの利益に忠実な運営を行っていることが要因となっています。

共同作業

UNIQLOOKS

ユニクロは、消費者がユニクロ製品を着ている自分の写真を投稿、共感を集めたものは店頭ポスターなどに登用するUNIQLOOKSを展開しています。

このシステムにより、ユーザーはいつでも誰でもどこからでもお気に入りのコーディネートをシェアできる、気に入った商品をすぐさま注文できるなどのメリットがあり、継続購買を促しています。

CHAPTER 7

キュレーションモデルを創る

アイデアを最適なカタチにするために、「ビジネスプロセス上で必要な工夫は?」
「自分の力でやるべきか?」「誰の力を借りるか?」を検討していきたい。

01 ビジネスプロセスを設計する
プロセス上で価値を感じられる工夫を仕掛ける

　製品・サービスを創り、届け、収益を生むためのプロセスは無限に考えることができます。

　その無限のパターンの中で、**最適な方法を組み込むことを「ビジネスプロセス」の検討といいます。**

　ビジネスプロセスは、研究開発や企画といった上流工程から、最終ユーザーに届ける流通やサービスという下流工程までの一連の流れにおいて、ユーザーにとって価値を感じられる工夫を行います。

図表7-1 ｜ ビジネスプロセス構築のヒント

① 標準化
事業を行う流れ、工程を、個々の組織で特殊な個別性の高いものとするのではなく、先端的な流れ、工程を基準として一般化を図る。

② BPR
既存の業務内容や業務工程、ルールなどを全面的に見直し、再設計（リエンジニアリング）する。

③ 自動化
事業・業務の流れ、工程のうち、自動生成できるモデルと人手で行うモデルを切り分け、自動生成できるモデルは（別のモデルから）自動的に生成できるようにする。

④ クラウドソーシング
組織ではなく、不特定多数の個人に業務を委託・依頼するという形態。

⑤ LEAN
ユーザーとの接点を起点としてスピーディに仮説検証を繰り返す事業推進方法。素早く創ってはマーケットの反応を見て軌道修正を図る。

⑥ ユーザー巻き込み
ユーザーが開発、企画、生産などに参画することでユーザーの視点や提供者がもちえないノウハウを取り込む。

図表7-2 | プロセスに価値を注入する事例①

（第一号店である安積店。創業時）

www.buyma.com

標準化

TATA

インドの超低価格車「ナノ」で有名なタタ・グループが2011年からインド農村部向けに設計された超低価格のナノハウス（平らに梱包されている。フラットパックというのが正式な商品名）を発売しています。

ナノハウスは現地で組み立てる20平方メートルのプレハブ方式のキットで、価格は500ユーロ（7万円程度）のモデルと、700ユーロ（10万円程度）の一回り大きなモデルがあります。

部材をキット化して標準化し、現地で簡易に組み立てられるようにすることでコストダウンを図っています。

BPR

ガリバーインターナショナル

ガリバーは、中古車流通市場の革新者と呼ばれています。ガリバー登場前の中古車販売では、主に中古車店が展示場で販売する形が主流でした。このことから一定規模の土地と展示台数が必要で、多額の展示コストがかかる状況でした。これに対してガリバーは、店舗で買い取った車両情報と画像を登録し、全国のユーザーが見て購入できるシステム（ドルフィネット）を開発し、そこで売れなかったら2週間ほどで業者間転売を行うオークションに出品し売却するビジネスで創業しました。この結果、展示コストの削減、在庫リスクも軽減できるオペレーションが可能となりました。

自動化

富国生命

富国生命では、コールセンターなどを通じて寄せられる顧客からの意見・要望・不満などの情報から、苦情にあたるものを担当者による手作業で抽出していましたが、年間数十万件の顧客とのやり取りの苦情判別を自動化しました。

その結果それまで手作業で行われていた判定業務量が10分の1に削減され、結果として浮いた時間を顧客の不満要因分析にあて、顧客満足度の向上につながっています。

クラウドソーシング

BUYMA／BUYMA Books

エニグモが運営するBUYMAは、日本にいながら、世界中のファッションアイテムなどをお得に購入できるソーシャル・ショッピング・サイトです。パーソナルショッパー（出品者）と購入者のマッチングを行い成約時の手数料を収益としています。BUYMAで築いたグローバルネットワークと運営ナレッジを活かし、業界に特化したサービス価値を提供するBUYMA Booksは、世界中の本やコンテンツ（著作物）をクラウドソーシングで翻訳し電子書籍で販売するプラットフォーム型サービスです。BUYMA Booksのアプリで閲覧・購入が可能となっています（購入機能は2014年12月リリース予定）。

図表7-3 | プロセスに価値を注入する事例②

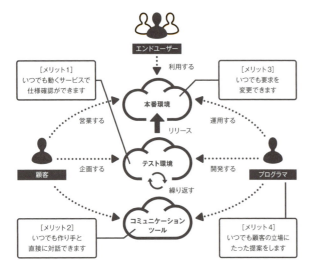

出所：www.sonicgarden.jp/33

出所：https://ideas.lego.com/howitworks

LEAN

ソニックガーデン

ソフトウェア開発を行うソニックガーデンでは、開発を1カ月程度と短期間に設定し、ユーザーの反応を見ながら顧客と相談して1週間単位で修正を続ける手法を導入しています。例えばメッセージ送信ソフト「メッセージリーフ」を軌道修正しながら開発するなどの実績をあげています。ソフトウェア開発の常識である「要件定義をしないとつくれない」「少しずつ発注・修正すると割高になる」を覆しています。

ユーザー巻き込み

LEGO Ideas

誰もが一度は手にしたことがある「LEGO」。
あったらよいな……と思う空想上のレゴブロックが手に入るかもしれないサービスです。
「LEGO Ideas」はLEGO社公認のウェブサービスであり、ユーザーが提案したプロジェクトに対して、他ユーザーの「それいい！」「それ欲しい！」という投票が1万票集まった場合、LEGO社が商品化を検討することになっています。

02 自社リソースを設計する
自社でもつべきものは何か

　製品、サービスを創り、届けるためには、膨大なリソースが求められます。
　しかし、そのすべてを自社でまかなう必要はありません。
　自社ではできないこと、自社より得意なプレーヤーがいる場合は、組んでいくことができます。
　一方で、自社でしかできないこと、自社でもったほうがよいリソースもあります。
　価値の源泉であったり、他社には提供できないものであったりします。
　このような、自社でもつべきリソースのことをいいます。
　財務諸表にあらわされる資産には、物的資産、金融資産がありますが、イノベーションにおいて重要なのは財務諸表に載らない資産です。

図表7-4 ｜ 自社リソースを活用する際のヒント

① 人的資産	② 知的財産	③ 技術資産	④ ブランド
どのような知識、スキルをもつ人材を確保し、育成し、活用するのか。	どのような知的財産をもち、活用するのか。特許、知的所有権、データベースなど。	どのような技術を開発、保持するのか。独自の技術を用いて革新を実現する方策は何か。	ブランドをどのように育て、活用するのか。

図表7-5 | 自社でこそもつべきリソース

人的資産

マクドナルド

アメリカのマクドナルドは1961年にハンバーガー大学を開校しました。ハンバーガー大学は、社内の人材教育施設であり、現在、世界に7校あります。ゲームなどを用いた独自のプログラムで、マネジメントやチームビルディング、コミュニケーションスキルなどの教育およびシステム開発を行い、またマクドナルドでは鍛え上げられた人材が支えており、マクドナルドの高い品質とサービス、清潔さ、価値の秘密は、このハンバーガー大学にあるといわれます。

知的財産

アップル

アップルは、せっかく生み出した新たな市場がすぐにライバルに荒らされてしまうことのないよう知的財産を大切にしています。
デバイスやアイコン、インターフェース、製品パッケージ、アクセサリー、パソコン端末の起動音に至るまで、製品・サービスに関するあらゆる角度からブランド向上を図っています。
ユーザーにとってアップルの価値を感じる接点は、その素となるあらゆるデザインを権利として登録し、保護していることです。

技術資産

ダイソン

ダイソンは、紙パックのない掃除機、羽根のない扇風機を開発しています。ダイソンのクリエイティビティは、消費者ニーズを掘り出す市場調査からスタートするものではなく、あくまでも技術開発ありきで進められます。羽根のない扇風機は市場調査からではなく、技術革新の過程で得られたアイデアから生み出されています。
徹底して技術を突き詰め、デザインは技術にしたがうとダイソンは考えています。

ブランド

ライフネット生命

ライフネット生命は、生命保険というユーザーが価値を体感する機会が数年またはそれ以上経過した後に現れるという商品価値を伝えることが困難な業界において、"後発"であり、かつ人の生命に関する経験を"ネットで"サポートするという点でいくつかの不利な条件を抱えていました。この課題に対して、"人肌"が感じられる企業というブランド構築が図られました。現在の出口治明会長、岩瀬大輔社長の2人により「社長の話を聞いたことがある生命保険」という近距離感を打ち出すブランディングが図られ、共感度を高めることが今日の拡大の一員となっています。

03 パートナーを設計する

誰と何について協働すべきか

自社リソースが明らかになりましたね。

しかし、求める収益、求めるデリバリーを実現させるために、自社だけでは足りないリソースに対して、パートナーの力を借りましょう。

そのすべてを自社でまかなう必要はありません。

自社ではできないこと、自社より得意なプレーヤーがいる場合は、組んでいくことが大切です。

このような、価値を創るために協働する相手のことを「パートナー」といいます。

パートナーとの組み方には多様な形態があります。

下に紹介します。

図表7-6 │ パートナーと手を組む際のヒント

①M&A

複数の会社が契約によって1つの会社になる場合、他の会社を買う場合(株式を取得して資本参加する、事業譲渡を受けるなど)がある。

②アライアンス

提携による事業開発。

③競合連携

競合とテーマ、領域においては組むことでマーケットを拡大。

④コネクト&イノベーション

社外のリソースを巻き込み、自社だけではできない革新を実現。

図表7-7 | 最強のタッグを組んだ事例

M&A

東京急行電鉄

東京急行電鉄は、東急線沿線における年少者人口の減少対策として、学童保育事業に参入しています。若年層／子育て世代の流入を促し沿線価値の向上のために、東急線沿線で共働きの親をもつ小学生を放課後から最長で夜22時まで預かる学童保育施設を運営していたキッズベースキャンプをエムアウト社から買収しました。この結果、東急電鉄は自社で学童保育事業をゼロから開発するのではなく、スピードとノウハウを手にしています。

M&A

KDDIによるnanapi買収

2014年、KDDIは、スマートフォン時代の新しいポータル「Syn.」を創造するために、10万以上の生活に役立つ知恵交換を媒介するnanapiを買収。買収の背景には、通信インフラ・顧客基盤をもつKDDIと、インターネットサービスにおけるユーザーへの新たな経験開発・提供、システム開発に強みをもつnanapiが手を組み、ポータルのスケールアウトを狙っています。

ベンチャー企業を大企業が買収することは、ベンチャーには事業拡大のチャンスとなり、大企業にはベンチャーのノウハウを活かして事業の急拡大が可能になります。

アライアンス

サイボウズ

サイボウズが開発した業務アプリクラウド「kintone（キントーン）」。システム開発の常識を変えるようなスピードと柔軟性を兼ね備えたkintoneは、顧客自身が業務システムの開発を行う直接契約のみならず、既存ソフトウェアとの連携ソリューションとしてアライアンスパートナーが販売する形態もあります。

また、kintoneを知り尽くしたSIパートナーが定額で業務システムの開発を請け負うなど、新たなシステム開発のスタイルも創出しています。

(2014年10月時点)

https://localmotors.com/explore

競合連携

MOSDO

モスバーガーとミスタードーナツは、ハンバーガーとドーナツがひとつのお店で楽しめる新業態の店舗「MOSDO（モスド）」を2010年に開店しました。
モスバーガーは昼、ミスタードーナツは昼下がりから夕方というピークタイムの違いやハンバーガーもドーナツも両方好きだというユーザーへの経験価値向上に向けて共同運営店舗を打ち出しています。

コネクト&イノベーション

Local Motors

米国の自動車製造会社であるLocal Motorsは、3万人超のデザイン関係者・製造業者の集まるコミュニティである「Explore」を運営し、欲しい車のデザイン・コンセプトを投稿し、ユーザー同士でオンライン上でディスカッションし、コンセプトを磨き上げていくというオープンな自動車開発を行っています。
この手法により「Rally Fighter」というスポーツ車開発を実現するなど成果をあげています。

PART3

IDEA GENERATION LESSONS

アイデア創造の実践

PART3の全体像

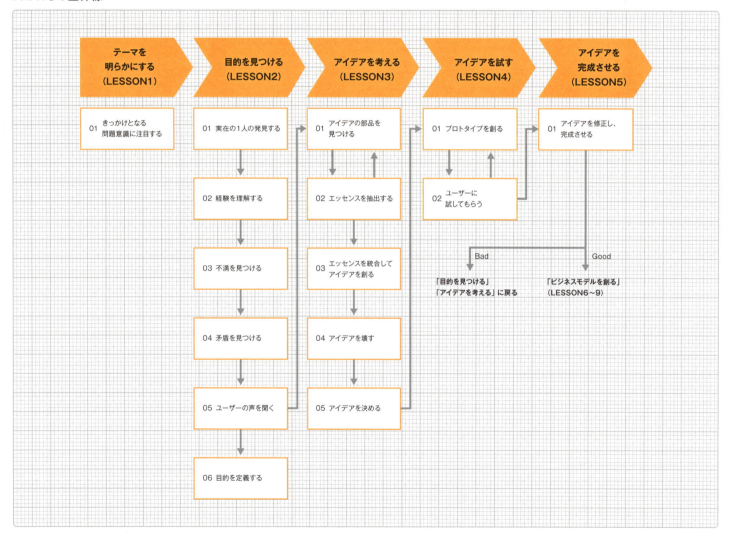

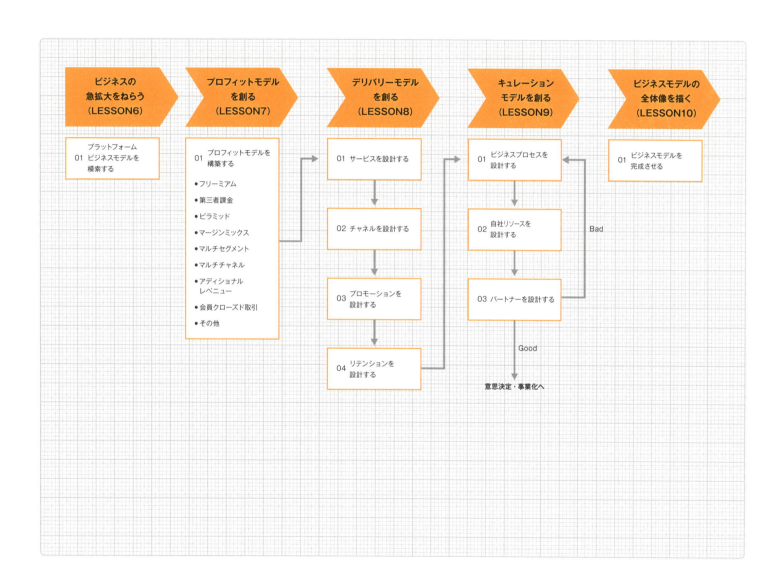

LESSON1 テーマを明らかにする

01 | きっかけとなる問題意識に注目する

アイデアの発射台を設定する

テーマとは、「誰（主人公）がどんな経験を何によって得られるのか」を示したものです。

例えば、AppleのiPodは諸説ありますが、「通勤・通学者が退屈な時間から解放される（音楽メディアプレーヤー）」がテーマでした。もちろんこの時点ですぐにiPodという巨大なアイデアが生まれるかといわれるとそうではありません。あくまでテーマであり、ここからアイデアが生み出される枠組みとなるのです。

テーマとは、アイデアを考えようとする最初のきっかけとなる問題意識といってもよいでしょう。きっかけとなる問題意識はさまざまな内容、表現がありえますが、意識するしないにかぎらず共通して含まれる要素は、「主人公（当事者）」「目的」「手段」の3つです。

テーマとコンセプトの違いを理解しておきましょう。テーマは主人公（当事者）、目的、手段の領域にフォーカスするものです。

コンセプトはテーマを実現するために手段を具体化したものであり、具体的にモノ、サービスに反映することができるものです。

テーマ設定ワーク

任天堂Wiiは、家族を対象として、多世代（祖父母、父母、子ども）が楽しめる据え置き型ゲーム機を創り出すというテーマのもとに生まれました。このテーマから、実在のある1人の母親を発見し、鍋を囲むような状況を演出するという目的を見出し、スティック型コントローラというアイデアを生み出しました。iPodは、通勤・通学者を対象として退屈な時間から解放する音楽メディアプレーヤーを創り出すことがテーマでした。このテーマから、実在の音楽好きユーザーを発見し、大量の楽曲からよりすぐって聴くという目的を見出し、小型プレーヤーを生み出しました。下の例を参考にして、次ページのシートを記入してみましょう。

テーマ設定ワーク（記入例）

テーマ設定ワーク（記入用）

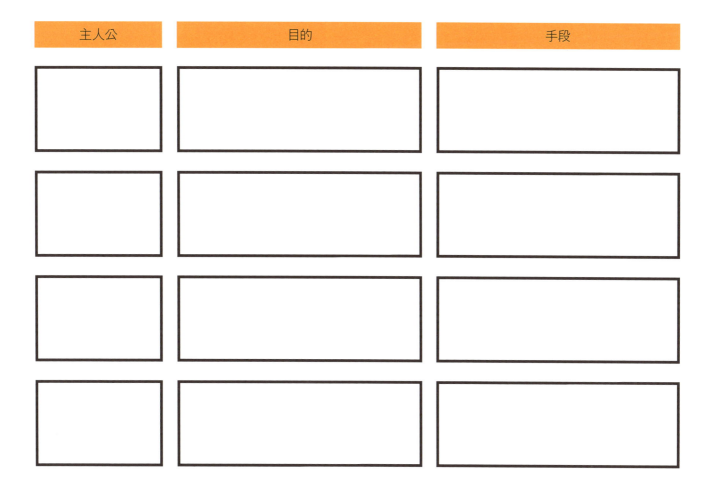

LESSON2　目的を見つける

01 実在の1人を発見する

まず、身近なところで見つけてみる

はじめにあなたが幸せにしたい「実在の1人」を見つけましょう。

実在の1人とは、本当は困っているのに、本当は不満をもっているのに、声をあげることができず困っている人です。また、声をあげているのですが、解決には至っていない人です。

テーマに関して、あなたが「何とかしてあげたい」と思える人を見つけましょう。

もちろん実在の1人はあなた自身であるかもしれません。あなたは、「現状のフィットネスクラブはすべて満足できない。自分で新しいものを創り出したい」という不満をもっているかもしれません。

また、企業の購買担当者のあなたは、「現状の購買システムは非効率すぎる。もっと効率的なシステムを創り出したい」と思っているかもしれません。

実在の1人があなた自身であっても、あなた以外の誰かであっても、イノベーションは「誰かを幸せにしようとする」ことから始まります。

実在の1人をまずはじめに、明らかにしてみましょう。その人物がどのような人であるのかがありありとわかるように描写しましょう。

　実在の1人発見ワーク

テーマは「ワーキングマザーを家事ストレスから解放するサービス」を創り出すとします。例にあげたのは、ある実在の2人の子どもをもつ母親です。実際にアイデアを創る場合、次ページのような実在の女性を描写した上で検討を開始することになります。126ページのシートを自分で記入していきましょう。

実在の1人発見ワーク

| 本人の顔、姿 | 普段の生活、働き方 |

名前：

年齢：　　　　　　　　テーマに関する過去の経験

家族構成：

住居：　　　　　　　　テーマに関するゴールイメージ

仕事：

実在の1人発見ワーク（記入例）

| 本人の顔、姿 | 普段の生活、働き方（実在の1人が普段どのような時間・お金の使い方をしているか、職業、働く場所、時間、内容など） |

平日は2人の子どもの保育園への送り迎え、朝ご飯と夕飯の仕度を毎日。
土日のどちらかは家族で外出し、1日は平日積み残した家事をこなす。
仕事はコンサルタントとしてフルタイムで平日は働き、夜も持ち帰って仕事をこなす日もしばしば。

名前：水石 佳奈（仮名）

テーマに関する過去の経験（例えばテーマが旅行であればどのような旅行を過去したことがあるのかを具体的に記載）

平日は17時に会社を出て2人の子どもを迎えに行き、18時からご飯をつくる毎日で、
子どもと接する時間は平日は17時以降となるが、
家事に時間を割かれるため子どもたちとコミュニケーションをとる時間がない。
かといって買ってきた食事や外食は避けたいと感じている。

年齢：35

家族構成：夫、子ども2人

テーマに関するゴールイメージ（現時点で実在の1人にどういう状態を実現させてあげたいのかを記載。イメージでOK）

家事の時間と子どもたちと接する時間のバランスを保てていて、自分自身が納得できている状態。
子どもたちにとって親やお友だちと接する情緒を生み出すような時間を増やすことと、
家事への納得度を両立させられている状態。

住居：東京23区在住

仕事：経営コンサルタント

LESSON2　目的を見つける

実在の1人発見ワーク（記入用）

| 本人の顔、姿 | 普段の生活、働き方（実在の1人が普段どのような時間・お金の使い方をしているか、職業、働く場所、時間、内容など） |

名前：

年齢：

家族構成：

住居：

仕事：

テーマに関する過去の経験（例えばテーマが旅行であればどのような旅行を過去したことがあるのかを具体的に記載）

テーマに関するゴールイメージ（現時点で実在の1人にどういう状態を実現させてあげたいのかを記載。イメージでOK）

LESSON2 目的を見つける

02 経験を理解する
根掘り葉掘り聞き出して、全体をつかむ

実在の1人が発見された後、イノベーターは何をするのでしょうか。それは、その1人のユーザーの「経験」を徹底的に理解していきます。

例えば「まったく新しい居酒屋を創り出す」ということがテーマだったとしましょう。イノベーターはいきなりユーザーが「居酒屋」に何を求めているのかといったニーズを探ろうとはしません。また、「居酒屋」に滞在しているときだけを見るわけでもない。いずれも「まったく新しい居酒屋を創り出す」ために必要な情報のほんの一部しか得られないことを知っているからです。

先に結論を言いますと、イノベーターは「ユーザーのあらゆる経験の中から、ユーザーが本当に実現したい（今は不満に思っている）目的につながるヒントを得る」のです。

このため、イノベーターは「居酒屋」にかぎらずユーザーの飲食、飲酒・非飲酒経験を幅広く明らかにします。また、現在の経験だけに限りません。過去、現在、そして将来どうなりそうなのか、という幅広い時間軸の中で経験を明らかにします。

それは、何がヒントになるのかは明らかにしてみないとわからないからです。

 経験理解ワーク

実在の2人の子どもをもつ働く母親Aさんの経験を理解していきます。Aさんは、平日は朝ご飯をつくり、子どもを保育園に送り、昼間は働き、夜のご飯をつくり、子どもを寝かしつけます。土日は三食をつくり、子どもを遊びに連れて行きます。ここで見られた経験は、子育てに大変熱心である一方で、料理は嫌いではないけれど三食の準備が大きな負担になっていました（気分はよくない状態）。子育て支援センターで土曜日のお昼を食べる瞬間が、ほっとする（気分はよい状態）といっていました。

次のページの記入例を参考に、129ページのシートを記入してみましょう。

経験理解ワーク

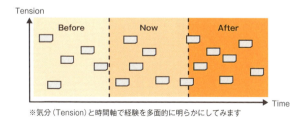

※気分（Tension）と時間軸で経験を多面的に明らかにしてみます

経験理解ワーク（記入例）

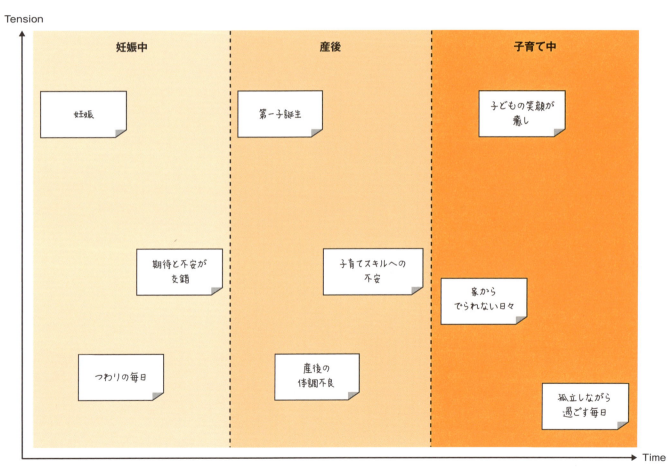

※気分（Tension）と時間軸（Time）で経験を多面的に明らかにしてみます

経験理解ワーク(記入用)

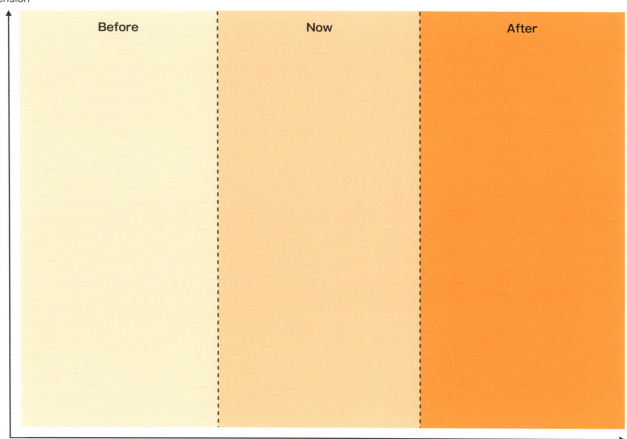

LESSON2　目的を見つける

03 | 不満を見つける
隠れているものを探し当てる

実在の1人がどんな経験をしてきているのかがわかりましたね。

次に、「どの経験に不満が隠れているのか」を探し当てましょう。「この経験をしているということは、こんな不満を感じているのではないか」と考えてみます。

人々の不満は、さまざまな経験を全体的に見てみて、全体的にこういう不満があるのではないか、という流れでは見えてきません。

人々の不満は、一瞬一瞬の経験から見え隠れします。「この一瞬の経験から推察すると、このような不満を感じているのではないか」という観点で経験に着目してみましょう。その一瞬の経験から、不満を引き出していきます。

 不満発見ワーク

2人の子どもをもつ働く母親Aさんの経験から不満を見つけていきます。Aさんの「三食の準備が大きな負担になっていました（気分はよくない状態）」という経験と、「子育て支援センターで土曜日のお昼を食べる瞬間が、ほっとする（気分はよい状態）」という経験を抽出してみました。そこにはどんな不満が隠れているのでしょうか。本人へのインタビューも実施し、深く聞いて見ると、実家も遠く、「周囲から孤立した状態でストレスを抱えながら生活している状態」が不満でした。周囲に知り合いも少なく、地域からも孤立した感覚をもっていたのです。下の記入例を参考に、次ページのシートを記入してみましょう。

不満発見ワーク（記入例）

（　　　A　　　）さんは

> 日々孤立化した状態でストレスを
> 抱えながら生活している状態

が／に不満である。
が問題である。
がしたい。

不満発見ワーク(記入用)

（　　　　　）さんは
[　　　　　　　　　　　]　が／に不満である。
　　　　　　　　　　　　　が問題である。
　　　　　　　　　　　　　がしたい。

（　　　　　）さんは
[　　　　　　　　　　　]　が／に不満である。
　　　　　　　　　　　　　が問題である。
　　　　　　　　　　　　　がしたい。

（　　　　　）さんは
[　　　　　　　　　　　]　が／に不満である。
　　　　　　　　　　　　　が問題である。
　　　　　　　　　　　　　がしたい。

（　　　　　）さんは
[　　　　　　　　　　　]　が／に不満である。
　　　　　　　　　　　　　が問題である。
　　　　　　　　　　　　　がしたい。

（　　　　　）さんは
[　　　　　　　　　　　]　が／に不満である。
　　　　　　　　　　　　　が問題である。
　　　　　　　　　　　　　がしたい。

（　　　　　）さんは
[　　　　　　　　　　　]　が／に不満である。
　　　　　　　　　　　　　が問題である。
　　　　　　　　　　　　　がしたい。

LESSON2 目的を見つける

04 矛盾を見つける
理想と現実／理性と本能、それらのギャップに注目

LESSON2「03 不満を見つける」で見つけた不満に潜む矛盾を見つけます。例えば3歳になる息子を抱える父親が「子どもが家の中を走り回るため時々机や椅子に頭をぶつけることを防ぎたい」と思っているとします。この問題を解決するために、角がない机や椅子に買い替える、もしくは家のレイアウトを変えるといったアイデアがあるかと思います。しかしこの父親はインテリアに強いこだわりがあり、インテリアを子どものために買い替えたり、レイアウトを変えようとは思っていません。そのためこの父親は「子どもが机や椅子に頭をぶつけることを防ぎたい」と思っているにもかかわらず、同時に「美しいインテリアを保ちたい」と思っているということです。このようにある不満に対してそのユーザー（ここでは父親）が解消しようとする、それに伴って生じてしまう新たな制約、つまりトレードオフとなる要素を見つけます。

| Hint! | 矛盾というと難しそうなイメージを抱かれるかもしれませんが、次のような視点で問題を捉えると矛盾を見つけられるかもしれません。例えば「いっていることとやっていること」のギャップ、理想と現実のギャップ、理性と本能のギャップなどのギャップを見つけ出すことが大事です。

 矛盾発見ワーク

実在の2人の子どもをもつ働く母親Aさんのもつ不満のトレードオフとなる不満を併せて見つけていきます。Aさんの声を聞くと、孤立化した状態を回避するために、子育て支援センターでお昼を食べるように、他の家族と一緒にご飯を食べる、同じ空間で時間を過ごすことを実現したいといいます。しかし、家族と一緒に知らない人々と食事や空間を共有すると、安心感と自然体としていられる感覚が失われ、違うストレスが生じるかもしれないともいいます。つまり、個々の安心基地が失われるというのです。下の事例を参考に、次ページのシートを記入してみましょう。

矛盾発見ワーク（記入例）

（　　A　　）さんは

主課題：1つめの願望　　　　　　制約：失われる可能性のある願望

日々孤立化した状態で	だけど	個々の安心基地が
ストレスを抱えながら	←→	ある状態
生活している状態		

が／に不満である。　　　　　　　　も不満である。
が問題である。　　　　　　　　　　は嫌だ。
がしたい。　　　　　　　　　　　　もしたい。

矛盾発見ワーク（記入用）

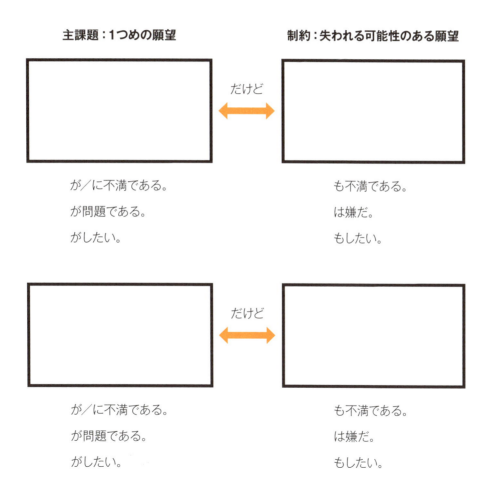

LESSON2　目的を見つける

05　ユーザーの声を聞く

苦痛をともなう課題かどうかを確認する

　ユーザーがもつ矛盾をはらんだ不満が見えてきたとしましょう。

　その不満には、2つの種類があります。「不満だけれど、絶対に解消してほしいとまでは思わないもの」と、「苦痛を伴う不満であり、すぐに解消してほしいと思うもの」です。

　ここで大切になるのは、実在の1人がもつ不満が「苦痛を感じるほどの不満」かどうかを確認することです。また、もうひとつ大切なのは、実在の1人以外の人々が同様に苦痛を感じているほどの不満をもっているかどうかです。

　でなければ事業として需要がないため成立しません。他の人々の声を踏まえて、実在の1人の主人公を少しだけ普遍化します。

　ありがちなのは、不満をもっているということは確認できますが、その不満が「苦痛を感じるほど」かどうかがわからないという状況です。

　しっかりと苦痛の存在を確認していきましょう。

 ユーザーの声収集ワーク

　実在の2人の子どもをもつ働く母親Aさんのトレードオフを含む不満が、苦痛を伴う不満かどうかを聞いてみました。答えは、「解決できる方法があるのであれば、今すぐにでも使いたい」というものでした。

　今すぐに解決したいと思うほど苦痛を伴っていたのです。Aさん以外の核家族、働く親の声を聞くと、日々忙殺される時間の中で、孤立化を回避したいとしても、地域で人間関係を築く余裕はないというものでした。この声を聴き、課題はのっぴきならない状態である人が多いということが判明したのです。次ページの記入例を参考に、136ページのシートを記入してみましょう。

ユーザーの声収集ワーク(記入例)

[インタビュー結果の整理(主要対象者・複数記載可)]

インタビュー対象の本人情報

35歳女性、夫、子ども3人と同居
コンサルティングファームのフルタイム社員
子どもの病気などの対応はほぼすべて自分が行っている

想定した不満を解消したいと思っていたか？

・月に1、2度友だち家族と一緒にご飯を食べるときは本当にほっとする。孤立した生活ストレスは毎日感じている。

・孤立化を回避したいが、新しい人間関係を築いて気をつかいながら関係を維持していくほどの余裕はない。

その不満は苦痛を感じるほど切実だったか？

・誰も自分の代わりに家族の生活を納得のいくレベルで維持するための働きをしてくれる人はいないため、自分がいなくなることは決してできないという強いプレッシャーの中で孤軍奮闘しており、今すぐにでもこの状況から抜け出さなければどこかで心身のバランスを強く失うのではないかと懸念。

[新たなユーザー・目的]

ユーザー像

・子育てにおいて自身だけが最後の砦であり、代わりがきかない状態で孤立感を感じながら生活している人

新たな目的

・孤立化し孤軍奮闘しながら生活するプレッシャー・ストレスを和らげるための関係性を構築したい。

・併せて自分のしばりになることなく、出入り自由で緩やかな包摂性をもった関係性を構築したい。

LESSON2 目的を見つける

ユーザーの声収集ワーク(記入用)

[インタビュー結果の整理(主要対象者・複数記載)]　　　　　　　[新たなユーザー・目的]

インタビュー対象の本人情報

ユーザー像

想定した不満を解消したいと思っていたか？

その不満は苦痛を感じるほど切実だったか？

新たな目的

LESSON2 目的を見つける

06 目的を定義する
「ユーザー」×「経験」×「願望」から
見えてくる

トレードオフを含んだ不満を見抜き、ユーザーの声を聞いた上で、本当にユーザーが実現してほしいと願う目的を具体的に定義しましょう。

「目的」とは、矛盾が解消された状態のことです。矛盾が解消され、どのような状態がユーザーに訪れるのかを明確にしましょう。

また、目的とは、「ユーザー（主人公）」×「経験（シーン）」×「願望（実現したい状態）」からわかってきます。

この3つの要素を含めて明確化しましょう。

 目的定義ワーク

ユーザーの声を聞いた結果を踏まえ、苦痛を伴うトレードオフを含んだ願望を明確化します。下の記入例を見て、次ページのシートを記入してみましょう。

目的定義ワーク（記入例）

【ユーザー：特徴、もっている要素を記入】
2人の子どもをもつ働く母親（Aさん）

【経験】
子育て支援センターで土曜日のお昼を食べる瞬間が、ほっとする瞬間

【目的】
願望A： 日々孤立化した状態でストレスを抱えながら
　　　　生活している状態を回避したい

願望B： 普段の人間関係に閉じないつながりが欲しい

目的 ： 家庭に閉じて孤立した状態を、社会的属性や
　　　　過去の人間関係を超えた繋がりを創り出すことで回避したい

目的定義ワーク(記入用)

【ユーザー：特徴、もっている要素を記入】

【経験】

【目的】

願望A：

願望B：

目的：

LESSON3　アイデアを考える

01 アイデアの部品を見つける
インプットがなければアウトプットもない

　実現すべき目的が見えてきましたが、次に考えることはその目的をどうやって実現していくかということです。

　いきなり目的を実現するアイデアを思いつく人もいるかもしれませんが、そうではない人はとりあえずアイデアを創るための部品を集めましょう。なぜ部品を集めるかというと、アイデアとは「何か」と「何か」を組み合わせたものがほとんどです。その「何か」がひとつもない状態でアイデアを考えたとしても、アイデアがまったく思いつかないか、筋の悪いアイデアしか出ないと思います。

　まずはあなたが決めた目的を実現するためのアイデアを考えてみる、また参考となりそうな世の中のアイデア、製品、サービスをインターネットや書籍などから集めてみてください。そして集めた情報を次ページのシートに書き込んでみてください。

 アイデア部品創造ワーク

　アイデア部品創造ワークでは、あなたが考えた、もしくはリサーチを行って出てきた世の中のアイデアをひとつにつき1枚のシートに落としこんでいきます。落としこむときはなるべく簡単に表現し、かつ写真や絵を活用しながら、シートを見ただけでどのようなアイデアか理解できるようなシートづくりを目指してください。そうすることによってこの後行うアイデアの組み合わせが行いやすくなります。下の記入例を参考に次ページのシートを記入してみましょう。

アイデア部品創造ワーク（記入例）

アイデアのタイトル

> ワンコインつながる食堂

アイデアのタイトル

> オンライン家族マッチングサービス

アイデアの概要

> 地域単位でワンコインで異なる家庭が食事を一緒にすることができる食堂

アイデアの概要

> 同じライフステージにいる、価値観を共有できる人同士をオンライン上でマッチングし、課題のシェア、知恵のシェアをオンライン上で行うサービス

アイデア部品創造ワーク（記入用）

アイデアのタイトル

アイデアのタイトル

アイデアの概要

アイデアの概要

LESSON3　アイデアを考える

02 エッセンスを抽出する

本質を取り出して、新たなアイデアのもとに

　アイデア部品を集めた後は部品のエッセンス（提供価値）を抽出します。

　アイデアが有するエッセンスを抽出、結合させること（次のステップ）で新たなアイデアを考えていきます。

　面白いアイデアには、「価値・優れた点」が必ず含まれています。

　しかし、抽出したエッセンスを前にしてこう感じられるかもしれません。「このエッセンスとこのエッセンスはそもそも無関係なので結合は不可能」という感覚です。

　そうではありません。混ざらないと思い込んでいるのは、それまでのパターン認識に当てはまらないだけです。

　混ざらないものを混ぜてみるところにイノベーションがあると思って取り組んでみてください。

 エッセンス抽出ワーク

　エッセンスを抽出するときの視点は以下の2点について考えてみると理解しやすいです。

①経済的価値
　アイデアがもつ経済的な価値に着目してみましょう。コストダウンになるのか。価格を上回る価値をもっているのか。

②非経済的価値
　アイデアがユーザーに対してお金に換算できないどのような価値を提供しているのか。例えば信頼できる人に出会える、ほっとできる等。
　下の記入例（エッセンスの部分）を参考に次ページのシートを記入してみましょう。

エッセンス抽出ワーク（記入例〈一部のみ〉）

例）ワンコインつながる食堂の場合

エッセンス①	エッセンス②	エッセンス③
手軽さ	つながり	ローカル

例）オンライン家族マッチングサービスの場合

エッセンス①	エッセンス②	エッセンス③
興味・関心によるつながり	関係性の広がり	気兼ねのなさ

エッセンス抽出ワーク（記入用）

※〈アイデアのタイトル〉〈アイデアの概要〉は139ページのアイデア部品創造ワークの記入例を参考に記入してください。

アイデアのタイトル

アイデアの概要

エッセンス①　　エッセンス②　　エッセンス③

アイデアのタイトル

アイデアの概要

エッセンス①　　エッセンス②　　エッセンス③

LESSON3 アイデアを考える

03 エッセンスを統合してアイデアを創る

トレードオフ（矛盾）を乗り越えるアイデア

アイデアは、主課題解決と制約解決を両立させることを狙って創り出します。しかし、最初は主課題か制約のいずれかの解決に資するものとなることがほとんどです。そこで、抽出したエッセンスの中から、主課題解決に資するものなのか、トレードオフとなる制約解決に資するものなのかを選びます。そして選んだアイデアのエッセンスを組み合わせることで新たなアイデアを発想していきます。主課題と制約を2軸の端に書き込みます（132ページの「矛盾発見ワーク」を参照してください）。その次に主課題と制約それぞれに対して役立ちそうなエッセンスを貼りつけ、そのエッセンスを掛け算することでアイデアを発想します。新たなアイデアは新たなアイデアシートに書きます。アイデアシートは最低10枚完成させてください。エッセンスの組み合わせを変更しながら、数を出してください。アイデアを絞り出す作業によって要素を組み合わせるスキルが高まり、質の高いアイデアが創造されます。10枚以上アイデアシートを作成した後に「実現したら問題が解決するかどうか」という観点でひとつ選びます。

 アイデア創造ワーク

① トレードオフを整理
「矛盾発見ワーク」（133ページ）で考えた主課題と制約を「アイデア創造ワーク」の両軸の端に書き込みます。

② トレードオフに役立ちそうなアイデアのエッセンスの選択
「アイデア部品創造ワーク」（140ページ）で発想したアイデアの中から、主課題、制約それぞれの解決に有効だと思われるアイデアを選択し、「アイデア創造ワーク」で出したエッセンスを両軸に書き込みます。

③ アイデアの発想
それぞれのエッセンスからアイデアを考えます。どれだけくだらないアイデアでもかまいません。とにかく数を出すことに集中してください。そのアイデアを145ページの記入例を参考にしながら146ページのシートを埋めていってください。

アイデア創造ワーク（記入例）

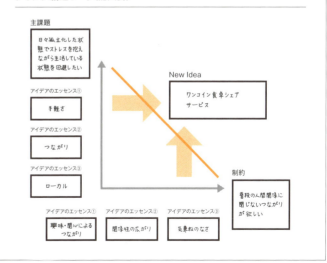

アイデア創造ワーク（記入用）

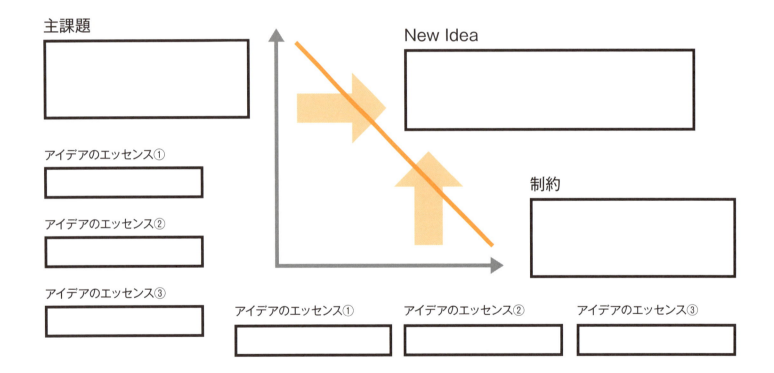

アイデアシート（記入例）

アイデアのタイトル

> ワンコイン食卓シェアサービス

アイデアのエッセンス（提供価値）

> 手軽さ、つながり、ローカル、興味・関心によるつながり、気兼ねのなさ

アイデアの概要

> 地域内で、ワンコイン（500円）で食卓提供者（ホスト。家にゲストを招く側）とゲストをマッチングするウェブ・アプリサービス。
> 地図や近い属性、興味などに応じてホストを検索し、子どもの事情によるキャンセルも直前まで可能とするなどの配慮も想定。

アイデアシート（記入用）

アイデアのタイトル

アイデアのエッセンス（提供価値）

アイデアの概要

LESSON3　アイデアを考える

04 アイデアを壊す

枠の中から外れた思考によって創造する

一度ここで今まで考えていたアイデアから離れます。なぜ、そのようなことをするかというと、アイデアを考えていくと知らず知らずのうちにあなたが思い込んでいる固定観念や思い込みが入ってしまい、アイデアとして「飛ばない」状態になっていることがあるからです。

ここであえてアイデアを壊し、今まであなたが考えたこともないような視点からアイデアを再構築します。

アイデア破壊ワーク

①アイデアの手段／手段が前提とした提供価値の洗い出し
　アイデアの手段となっていることを洗い出します。例えば特定領域（医師）における新たなSNSサービスを検討していたとすると、このアイデアの手段とは「インターネット」「マッチング」「情報の共有」「実名による登録」などさまざまです。手段が前提とした提供価値は、「コミュニティの形成」「投稿インセンティブ」などさまざまです。

②手段／前提とした提供価値の選択
　次に洗い出した手段／手段が前提とした提供価値からそれぞれ2つ選択します。選択する基準は、アイデアを発想しやすいかどうか、もしくは当たり前すぎて疑っていなかったレベルのことかどうか、です。

③手段／前提とした提供価値の対極を検討
　選択した2つの手段／手段が前提とした提供価値の対極を考えます。例でいうと、「インターネット」と「医師」を選択したとするとその対極は「リアル」と「一般人（もしくは看護師、病院スタッフ等）」とすることができます（厳密に対極にする必要はありません）。

④前提と対極を組合わせて発想
　選択した2つの手段／前提とした提供価値の対極をそれぞれ2軸で整理し、それぞれのセグメントに当てはまるようにアイデアを発想します。例えば「インターネット」×「看護師」、「リアル」×「医師」といった具合に手段と手段の対極を組み合わせてアイデアを発想します。そして発想したアイデアはアイデアシート（150ページ）に書き込みます。

アイデア破壊ワーク（記入例）

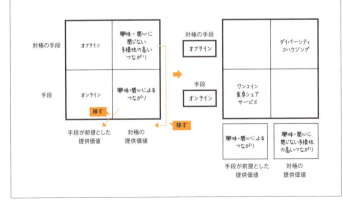

アイデア破壊ワーク①（記入用）

	手段が前提とした 提供価値	対極の 提供価値
対極の手段		
手段		

アイデア破壊ワーク②（記入用）

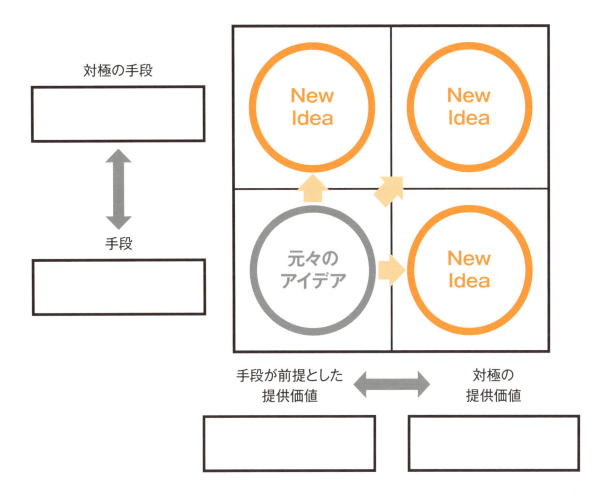

アイデアシート（記入用）

※記入例は145ページ参照。

アイデアのタイトル

アイデアのエッセンス（提供価値）

アイデアの概要

LESSON3 アイデアを考える

05 アイデアを決める
枠の中から、それとも、枠の外から、どちらを選ぶ？

　LESSON3の「03　エッセンスを統合してアイデアを創る」および「04　アイデアを壊す」で創造したアイデアの中からひとつアイデアを選択します。ただしさらにアイデアを組み合わせて新たなアイデアを創りたいと思った場合は、アイデアを選択するのではなく、その組み合わせで創造したアイデアでかまいません。そしてアイデアを選んだならば、そのアイデアをコンセプトシートに落としこんで下さい。

　アイデアは、①意味がわかる人が少数かどうか、②賛否両論が巻き起こるかどうか、③不可能でないかどうか、という３点に留意して選択しましょう。この３点に留意した上で、最終的には「世の中にこの商品、サービス、または事業があるべきかどうか」と自問し、YESと心から回答できるものを選びましょう。

　「わからないもの」ができたとします。ここで鍵となるのは「意味のわからない」の中身です。「論理的におかしい」ために意味がわからないものは、アイデアの筋が悪いと考えてください。

　そうではなく「今までの自分の知識や認識では理解を超える」という感覚を大事にしてください。

 コンセプトシート

①意味がわかる人が少数かどうか
　「いいね」と言ってくれる人が10〜20％程度にとどまるのが望ましく、半数以上が「いいね」という場合、それは新しくないと判断しましょう。もちろん10％以下であってもかまいません。強く欲しいと願う人が存在することが重要です。

②賛否両論が巻き起こるかどうか
　価値があるという人と、価値がないという人が両方表れ、意見対立や混乱が起こるものを選ぶ。大半の人が「価値がある」という場合、革新的とはいえないです。

③不可能でないかどうか
　ドラえもんのタイムマシンはたしかに欲しいですが、実現はまだまだ不可能のようです。不可能であるものは回避しましょう。

　次ページの記入例を参考にしながら、153ページのシートを記入してみましょう。

コンセプトシート(記入例)

設定した目的

> 家庭に閉じて孤立した状態を、社会的属性や過去の人間関係を超えたつながりを創り出すことで回避したい

アイデアのタイトル

> ダイバーシティ・コハウジング

アイデアの提供価値

> 偶発的関係構築(セレンディピティ)、気兼ねなさ

アイデアの概要

> ・家庭単位で複数の家庭がルームシェアを行うシェアハウスサービス
> ・住宅提供というハード面のサービスと、共助を促進するためのソフト面のサービス(子どもの感情に向き合う感情教育など)を行う
> ・ハード面：食事や会話・学びを共有できる「多目的リビング・コキッチン」、地域の人たちとの共有リビング、
> 　　　　　　ドロップインハウス(家にいることのできない子どもが安心して泊まることのできる機能を有する家)、
> 　　　　　　コワーキングスペース、専門家スペース、アートスペースなど
> ・ソフト面：さまざまな主体的学びプログラムの提供

コンセプトシート（記入用）

設定した目的

アイデアのタイトル

アイデアの提供価値

アイデアの概要

LESSON4　アイデアを試す

01 プロトタイプを創る
アイデアをカタチにする

なぜ、プロトタイプを創って試してみるのでしょうか。

あなたのアイデアの良し悪しを聞く際に、アイデアを言葉だけで相手に伝えてもよいフィードバックは得られません。なぜなら言葉だけではアイデアのイメージが人によってバラバラになり、アイデアの価値が正しく伝わらないからです。そこでアイデアを試すときには以下の3点を使って試して下さい。

①アイデアのストーリーがわかる紙芝居など「ストーリープロトタイプ」
②アイデアをモノにしてイメージアップできる「機能プロトタイプ」
③アイデアのデザイン面の良し悪しがわかる「デザインプロトタイプ」

例えば新たな旅行サービスをアイデアとして考えた場合、そのパンフレットやWeb画面などを手書きでよいので紙に書き込み、ヒアリング対象者がアイデアを理解できる、イメージできるようにしてあげましょう。

 プロトタイプデザインシート

プロトタイプを作成するときには以下の点に気をつけてください。
①5分以内に試すことができること
②ユーザーが製品・サービスを体験できるようなもの
③ディティールにこだわらないこと

　①の5分以内というのは、アイデアを試すことに10分、20分もかかってしまうと、貴重なヒアリング時間が失われるためです。

　また5分以内に試せないということはアイデアのコンセプトが定まっていない、もしくは余分な説明がはさまっている可能性があるためアイデアを練り直すか、その製品・サービスの本質的な価値を表現したプロトタイプを作成する必要があります。

　また②は前述したとおりヒアリング対象者がアイデアを理解できるような具体的なモノ(Web画面等)を用意しましょう。

　また③はどれだけつくりこんでもプロトタイプですので、完璧である必要はありません。むしろ製品・サービスの本質的な価値を表現してください。

　次ページの記入例を参考にして、156ページのシートを記入してみましょう。

プロトタイプデザインシート（記入例）

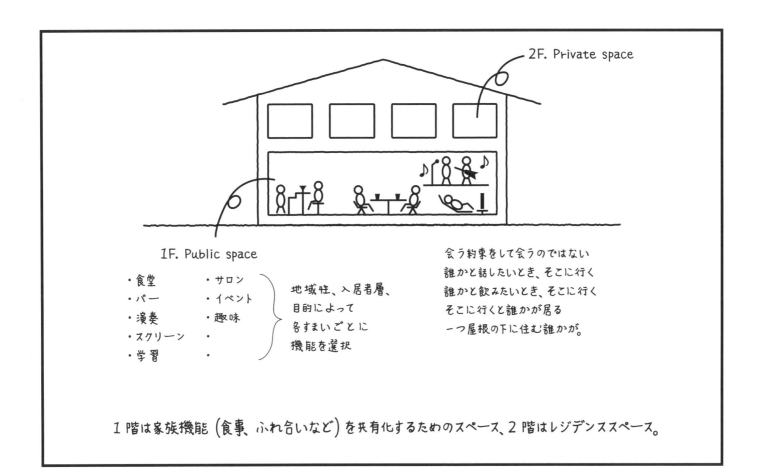

LESSON4 アイデアを試す

プロトタイプデザインシート（記入用）

LESSON4 アイデアを試す

02 ユーザーに試してもらう
素早くフィードバックを得て発展させる

　次にあなたが考えたアイデアを実際に試してみましょう。しかしこの時点で完璧なアイデア、完璧な製品／サービスは必要ありません。作成した紙芝居やあなたのアイデアを少しでもイメージアップできるプロトタイプを使ってアイデアを試していきます。これはヒアリングの際に合わせて実施してください。

　有名な話があります。ある商品に関する座談会で、5つの商品について座談会の最中はAという商品に評価が集まりました。しかし、終了後好きな商品を持ち帰っていいですよ、というとAを持ち帰る人は1人もおらず、Bという商品を持ち帰りました。

　頭での理解と、本当の行動はずれるのです。

　このため、説明は最小限にし、自分がそのプロトタイプに対してもっている思い入れも伝えず、実際触ってもらって、率直な意見をもらうようにしましょう。

　極限まで試してもらう相手にバイアスを与えない環境づくりをした上で試してもらいましょう。

 ユーザーインタビューシート

　プロトタイプを試すときには次の観点でフィードバックをもらって下さい。
①100点満点で何点だったか。
②お金を出してでも欲しい／利用したいと思ったかどうか
③お金を出してでも欲しい理由は何か／お金を出してまで欲しいと思わない理由は何か

　紙芝居やプロトタイプを試した後、ヒアリング対象者に「このアイデアは100点満点で何点ぐらいか？」と聞いてみてください。そして「80点ぐらい」と回答したら「それでは残り20点は何か」ということを聞いてください。そうすればアイデアのよくなかったところ、改善点が具体的にフィードバックされます。また、本当にお金を出してでも欲しい／利用したいかを聞くことでアイデアが本当に価値あるものかどうかを把握することができます。また欲しい・欲しくないにかかわらず、回答の理由を聞くことによって新たな改善点がフィードバックされるため、ぜひとも理由も併せて聞いてください。

　聞き出したことは159ページのシートに書き出してください（次ページの記入例を参考にしてください）。

ユーザーインタビューシート（記入例）

100点満点で何点だったか

> 80点。日々孤立し助けを得られにくい状態で生活している自分としては、家族単位での共同生活、
> かつプライベート空間が確保されている状態は欲しい。
> 20点マイナスである要因は、家族がなじめるかどうかというサービス自体の問題というより、不確実性が残るという点が要因。

お金を出してでも欲しい／利用したいと思ったかどうか

> お金を出してでも今すぐ欲しい。

お金を出してでも欲しい理由は何か／お金を出してまで欲しいと思わない理由は何か

> 後ろ盾のない生活に感じるプレッシャーは強く、いつ崩れてもおかしくないという状況があり、
> 今すぐにこの状況を緩和したい。

ユーザーインタビューシート（記入用）

100点満点で何点だったか

お金を出してでも欲しい／利用したいと思ったかどうか

お金を出してでも欲しい理由は何か／お金を出してまで欲しいと思わない理由は何か

LESSON5 アイデアを完成させる

01 アイデアを修正し、完成させる

フィードバックを元にアイデアを固める

　人に聞き、試した結果、どのようなフィードバックを得られたでしょうか。そもそも問題はあったのかどうか、アイデアに価値はあったのか。これらのフィードバック結果を踏まえてアイデアを修正し、完成させていきます。

　この時点で大事なのは実はマインドセットです。

　すでにでき上がりつつあるアイデアに対して与えられる、今まで見えていなかったユーザーがもつ目的、価値、そして超えなければいけないハードルを、ノイズとして除去しようとしてはいけません。

　真摯に向き合い、さらに今から何度でも（ただし高速で）練り直すぞ、という覚悟をもっていどみましょう。

　目的が変われば価値が変わり、アイデアも変わります。価値が変われば、それにともなって目的も変化します。どれかが変われば、他もともなって変わります。

　試行錯誤の上、一本の筋が通るまで、粘り強く取り組みましょう。

> **アイデアの修正ワーク**
>
> 　以下の観点からユーザーからのフィードバックを分析し、アイデアを修正する際に役立てて下さい。
>
> ①設定した問題は存在していたか（目的の存在）
>
> 　プロトタイプを試してみてあらためてユーザーが抱えていたけれど気づかなかった問題を解決してくれるものであると感じられたかどうかを確認し、新たに発見された観点を整理し、目的に取り込むかどうかを判断します。
>
> ②考えたアイデアに対して「お金を出してでも欲しい／利用したい」といった人が存在したか（アイデアのValue）
>
> 　プロトタイプを試してみて、ユーザーが目的実現に対して有効かどうか確認し、新たに発見されたアイデアの価値（創り手から見た想定外の価値）を整理し、アイデアに取り込むかどうかを判断します。
>
> ③購入へのハードルはあるか（ハードル）
>
> 　ユーザーが欲しいけれども購入に踏み切れない要因（ハードル）があるかどうかを確認し、ある場合ハードルを越えるためのアイデアを検討しましょう。

アイデア修正シート(記入例／記入用)

修正すべき点は何か (記入例)

> 購入に対するハードルとして、「家族がなじめるかどうか」という点があげられたため、共感性を高めるためのプログラムを導入し入居前に提供するなどの対応を検討する必要がある。

修正すべき点は何か

修正すべき点は何か

修正すべき点は何か

修正すべき点は何か

修正すべき点は何か

最終アイデアシート（記入用）

※記入例は152ページ参照。

設定した目的

アイデアのタイトル

アイデアの提供価値

アイデアの概要

LESSON6　ビジネスの急拡大をねらう

01 | プラットフォームビジネスモデルを模索する

8つの事項を検討する

　プレーヤーが提供する財・サービスを、ユーザーと結びつける媒介となることで収益をあげるビジネスであるプラットフォームビジネス。

　自らだけが財・サービスを提供する場合、自社のもつ制約によって急拡大が阻まれるかもしれませんが、プラットフォームの場合、他のプレーヤーを巻き込むことで、自社の制約を超えた拡大が可能となります。

　自身のビジネスを、プラットフォーム型としてとらえ、モデル化し、成り立つのかどうかを検討してみましょう。

　必ずしも自身のビジネスはプラットフォーム型というわけではもちろんありません。

　ただし、自身のビジネスを規模拡大させ、幸せになるユーザーを増やすための手段として、プラットフォーム型を検討してみることにチャレンジしてみてください。

 プラットフォームビジネスモデルの構築方法

①プラットフォーム構造を構築する

　自身のビジネスを81ページで示したプラットフォームの構造を適用して、165ページの記入シートに書き込んでみましょう（記入例は次ページにあります）。

②主要な検討事項を検討する

　80〜82ページで示した8つの主要な検討事項を参照し、プラットフォームに組み込むことを検討します。166ページの記入例を参考に167ページの記入シートに書き込んでみましょう。

③プラットフォームを詳細化する

　②の検討結果を踏まえてプラットフォーム構造の修正、詳細化を行います。

プラットフォームビジネスモデル構築ワーク①（記入例）

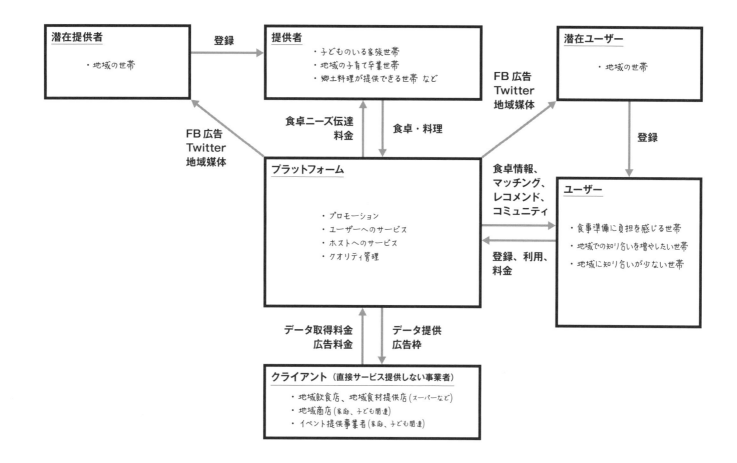

プラットフォームビジネスモデル構築ワーク①(記入用)

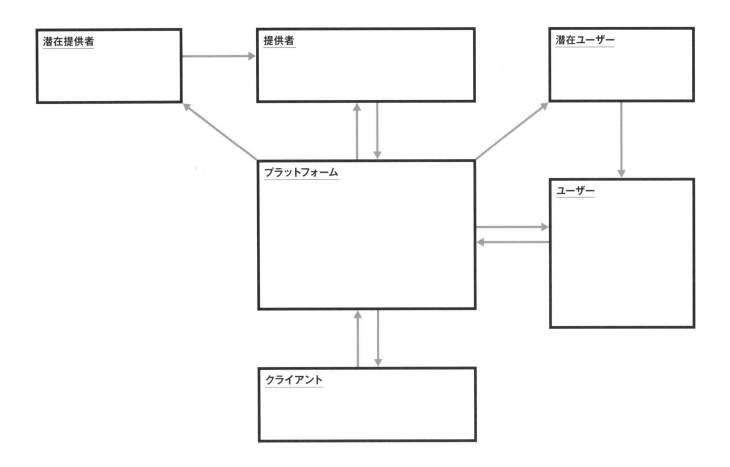

プラットフォームビジネスモデル構築ワーク②(記入例)

検討事項	検討内容
① 誰が潜在ユーザーか？	各地域の家族世帯。特に子どもが0歳から3歳の世帯(子育てに対する負担感が大きく、またつねに子どもと一緒にいることから周囲からの孤立感が大きい)、シングルペアレント(子育てへの負担感が大きい)、地元からの移住により社会関係が地域でうすい世帯。
② 提供価値は？	ワンコイン(500円)という価格、食事作成負担からの解放、地域に新たな知り合いが増える、安全確保。
③ 誰が潜在提供者か？	各地域の子育て中の世帯(同じ子育て負担が大きい世帯同士でのつながりをつくる)、子育て卒業世帯(現役子育て世帯を支援したいと考える世帯)、食事を他者に振る舞うのが好きな世帯。
④ 参加インセンティブは何か？	お小遣い程度であるが収入が得られる、子育て負担軽減への貢献ができる、地域に新たな知り合いが増える、自身の食事が振る舞える(料理の披露)。
⑤ 参加しやすいか？	2時間単位でどの日・時間帯でも設定が可能、保険による安全確保、事前にゲストの情報が把握できかつコミュニケーションもとれる、500円という価格設定により料理のクオリティを高めなければならないというプレッシャーが低い。
⑥ クオリティコントロール策は？	レシピの概要を提示していただく、ゲストとの関係づくりに向けたweb講習を実施、通報制度の設置(ゲストからの通報、事実確認、ホスト登録解除など)。
⑦ クライアントからの収益は？	地域の飲食店からの広告収入、地域の食材関連商店からの広告収入・商品販売代行収入、地域単位のイベント情報掲載料。
⑧ ユーザーデータ把握・解析法は？	参加のあった食卓の料理ジャンルの地域別・曜日別・時期別・時間帯別解析、閲覧履歴(料理ジャンルの地域別・曜日別・時期別・時間帯別)解析。

プラットフォームビジネスモデル構築ワーク②（記入用）

検討事項	検討内容
① 誰が潜在ユーザーか？	
② 提供価値は？	
③ 誰が潜在提供者か？	
④ 参加インセンティブは何か？	
⑤ 参加しやすいか？	
⑥ クオリティコントロール策は？	
⑦ クライアントからの収益は？	
⑧ ユーザーデータ把握・解析法は？	

[LESSON7] プロフィットモデルを創る

01 プロフィットモデルを構築する

8つの型からどれを適用するか

　プロフィットモデルは、ゼロから組み立てるものではありません。もちろんゼロベース構築の要素もありますが、すでに先端的に用いられているプロフィットモデルを自身の事業に合わせて組み合わせて構築することをお勧めします。

　プロフィットモデルには型があり、その型をまずは習得し、その上で独自の型を構築していくことがプロフィットモデル構築への早道です。

　プロフィットモデルの型を押さえた上で、その型を用いている先端企業の事例を解析し、そのエッセンスを探ることが次のステップです。

　同じモデルであっても、日々その中身は高度化していきます。常に中身をアップデートし、自身のモデルに取り込めるように努力していきましょう。

 プロフィットモデル構築ワーク

　記入例を参考にしながら、170ページと172ページのシートを記入しましょう。記入の際のポイントは3つあります。

①ベースとなる利益構造を検討する

　まず、創り出したプロダクトをユーザーに届けた結果どのような収益が見込めるのかを検討します。

②プロフィットモデルの適用有無を検討する

　①で検討した収益構造を基盤として、87ページで紹介した8つのプロフィットモデルを参照し、自身の事業に取り込めないかを検討します。

③プロフィットモデルをまとめる

　①と②の検討結果を踏まえて自身の事業のプロフィットモデルを整理、構築します。

プロフィットモデル構築ワーク①（記入例）

モデル	内容	適用有無	適用内容
① フリーミアム	ベースとなる商品・サービスを無料で提供し、付加機能がついた商品・サービスを有料で提供。LINE、Skype、Dropboxなど。	×	
② 第三者課金	サービスを提供する直接のユーザーではない相手に課金する。広告、アフィリエイト収入を得る。Facebook など。	○	地域の飲食店、食材関連商店、イベント関連事業者からの広告・商品販売代行収入を想定して設計。
③ ピラミッド	ローエンドからハイエンドまで商品をそろえ、ローエンドで価値を伝え、ハイエンドで収益をあげる。スウォッチなど。	○	中長期的施策として、地域でのつながりをつくるという目的以外に、郷土料理を味わうなどのジャンルをもうけハイエンドの価格帯も設定する。
④ マージンミックス	収益をあげないが顧客にとって魅力のある商品で引き込み、別の収益品を同時販売してトータルで収益をあげる。吉野家、ユニクロなど。	○	ワンコインでの食卓サービス自体はほぼ非収益品であるが、同時にワンコイン以内でつくれる食事パッケージを収益品としてオンライン販売するなど。
⑤ マルチセグメント	同じ商品をセグメントに応じて価格を変え、高価格セグメントで収益をあげる。子ども向け映画、遊園地など。	×	
⑥ マルチチャネル	チャネル別にマージン率を変更し、低マージンで露出し顧客の認知を高め、高マージン商品を購入してもらう。ペットボトル飲料など。	○	各家庭で実施される食卓は低マージンサービスであり家庭での露出を果たした上で、この他に高マージンで本プラットフォーム主催の会場型で大規模に食卓を囲むサービスを実施。
⑦ アディショナルレベニュー	本体製品はロープライスで、補完製品を高マージンで販売して収益をあげる。プリンターとトナーなど。	×	
⑧ 会員クローズド取引	会員登録をしたユーザーだけに特別な価値を提供し、クローズド取引を行い、継続的に課金する。レコチョク、定期購読など。	○	毎月3000円で家族2人まで4回まで利用可能とし継続課金を行う。
⑨ その他	※独自に考案。		

プロフィットモデル構築ワーク①（記入用）

モデル	内容	適用有無	適用内容
① フリーミアム	ベースとなる商品・サービスを無料で提供し、付加機能がついた商品・サービスを有料で提供。LINE、Skype、Dropboxなど。		
② 第三者課金	サービスを提供する直接のユーザーではない相手に課金する。広告、アフィリエイト収入を得る。Facebookなど。		
③ ピラミッド	ローエンドからハイエンドまで商品をそろえ、ローエンドで価値を伝え、ハイエンドで収益をあげる。スウォッチなど。		
④ マージンミックス	収益をあげないが顧客にとって魅力のある商品で引き込み、別の収益品を同時販売してトータルで収益をあげる。吉野家、ユニクロなど。		
⑤ マルチセグメント	同じ商品をセグメントに応じて価格を変え、高価格セグメントで収益をあげる。子ども向け映画、遊園地など。		
⑥ マルチチャネル	チャネル別にマージン率を変更し、低マージンで露出し顧客の認知を高め、高マージン商品を購入してもらう。ペットボトル飲料など。		
⑦ アディショナルレベニュー	本体製品はロープライスで、補完製品を高マージンで販売して収益をあげる。プリンターとトナーなど。		
⑧ 会員クローズド取引	会員登録をしたユーザーだけに特別な価値を提供し、クローズド取引を行い、継続的に課金する。レコチョク、定期購読など。		
⑨ その他	※独自に考案。		

プロフィットモデル構築ワーク②（記入例）

モデル

第三者課金、ピラミッド、マージンミックス、マルチチャネル、会員クローズド取引

内容

- 商品ラインナップを拡張することによる利益拡大策は以下の2つを想定している。

  ① ピラミッドモデルを採用し、各家庭で日常的に食している料理をベースの料理とし、ワンコインで提供する。
  その上で、郷土料理や手の込んだ料理などは別枠として価格帯を1人1000円から2000円の範囲で設定することで高収益化を図る。

  ② マルチチャネルモデルを採用し、地域単位で各家庭で提供される食卓を低マージン商品と位置づけ、地域を超えたつながりを求めるゲスト向けに、
  プラットフォームが主催する大規模な会場を用いた拡大での囲み型食卓を実施。
  この大規模な食卓はワンコインを上回る1000円程度での提供を行いマージン率を引き上げる。

- マージンミックスモデルを採用し、食卓への参加費用としてのワンコイン以外に、ホストが提供する料理用にワンコイン以内でつくれる食事パッケージを販売。
  このパッケージは食卓に参加しないときには、家庭の味を安く味わいたいゲスト向けにも販売することで利益を拡大する。

- 毎月3000円で家族2人まで4回まで利用可能として会員クローズド取引を採用し、単発での取引以外の収益源を確保し、収益を安定化させる。

- ホスト・ゲスト以外からの収益として、地域の飲食店、食材関連商店、イベント関連事業者からの広告・商品販売代行収入を得ることで収益を拡大させる。

プロフィットモデル構築ワーク②(記入用)

モデル

内容

LESSON8　デリバリーモデルを創る

01 サービスを設計する
9つの型からどれを適用するか

　サービスはユーザーが買いやすく、使いやすくするための仕掛けです。サービスにはすでに開発された多様な手法があり、その手法を参考にし、その上で自身独自のサービスを設計していくことが早道です。

　商品は優れていることは誰が見ても明らかであっても、ユーザーが買いづらいというケースは山のようにあります。

　例えば、あなたの目の前に100年絶対壊れないストーブがあったとします。100年壊れないのであれば高額になることは想像できますよね。50万円だとしましょう。

　あなたは、買いますか？

　50万円のストーブはいくら100年壊れないとしても買いづらいという人は多いでしょう。

　そのようなときには、リースというかたちで貸し出す、ローンにして初期費用を抑えることで、ユーザーは買いやすくなります。

　このように、よいものがユーザーの手にわたりやすくするためにサービスを設計していきましょう。

 サービス設計ワーク

　記入例を参考にしながら、175ページと177ページのシートを記入してみましょう。記入の際のポイントは3つあります。

①ベースとなるサービスを検討する

　まず、創り出したプロダクトをユーザーが買いやすくするための仕掛けを検討します。

②サービスモデルの適用有無を検討する

　①で検討したサービスを基盤として、93～94ページで紹介した9つのサービス提供方法を参照し、自身の事業に取り込めないかを検討します。

③サービスモデルをまとめる

　①と②の検討結果を踏まえて自身の事業のサービスを整理、設計します。

サービス設計ワーク①（記入例）

モデル	内容	適用有無	適用内容
① 保証	サービスや製品の誤購入や故障を想定した買い控えの回避、購入後の損失を回避することで持続的利用を促す。	○	・ゲストからの申告により事実確認を行い、事前提供情報と異なる低質の食事が提供された場合、払い戻しを行う。 ・ホストに対して、器物損壊などが生じた際には保険により対応する。
② 細部対応	ユーザーの想定を超えたきめ細かな対応を行う。	○	小さな子どもがいるゲスト向けに、ホスト側がキャンセル料を無料とすることができる設定を設ける。
③ 試用	ユーザーが購入前に使用イメージをもち安心して買えるために使ってみることができるようにする。直接の試用とサイバー上での試用がある。	○	プラットフォーム主催の体験イベントを全国各地で実施することで体験価値を伝達。
④ コンシェルジュ	顧客が行いたいことを代理で行い、ニーズを満たす。	○	インターネットを使うことができない世帯向けにフリーダイヤルでの予約代理サービスを展開。
⑤ リース／ローン	初期費用を抑えてユーザーの買いやすさを高める。	×	
⑥ カスタマイズ	ユーザーの状況に合わせてカスタマイズする。	○	乳幼児の家庭向けに保育士資格をもつサービススタッフを派遣。
⑦ ロイヤリティ	利用頻度が高い、利用額が多いなど優良と判断されたユーザーに対して特別な対応を行う。	○	受け入れ回数が一定数に達し、かつ質が担保されている場合、公式な食卓として認定し告知を展開。
⑧ コミュニティ形成	ユーザー同士で情報を交換し関係構築することで安心感、居場所を創り出し、サービスの利用ハードルを下げる。	○	食卓参加予定のゲストとホストは事前にコミュニケーションを図り、サイバー上での顔見知りになっておく。
⑨ セルフ	ユーザー自身に裁量を与え、コントロールしてもらう。	×	
⑩ その他	※独自に考案。		

サービス設計ワーク①（記入用）

モデル	内容	適用有無	適用内容
① 保証	サービスや製品の誤購入や故障を想定した買い控えの回避、購入後の損失を回避することで持続的利用を促す。		
② 細部対応	ユーザーの想定を超えたきめ細かな対応を行う。		
③ 試用	ユーザーが購入前に使用イメージをもち安心して買えるために使ってみることができるようにする。直接の試用とサイバー上での試用がある。		
④ コンシェルジュ	顧客が行いたいことを代理で行い、ニーズを満たす。		
⑤ リース／ローン	初期費用を抑えてユーザーの買いやすさを高める。		
⑥ カスタマイズ	ユーザーの状況に合わせてカスタマイズする。		
⑦ ロイヤリティ	利用頻度が高い、利用額が多いなど優良と判断されたユーザーに対して特別な対応を行う。		
⑧ コミュニティ形成	ユーザー同士で情報を交換し関係構築することで安心感、居場所を創り出し、サービスの利用ハードルを下げる。		
⑨ セルフ	ユーザー自身に裁量を与え、コントロールしてもらう。		
⑩ その他	※独自に考案。		

サービス設計ワーク②（記入例）

具体的内容

- ゲストが食卓に参加しやすくするために、4つの施策を設ける。
  ① 保証を設ける。ゲストからの申告により事実確認を行い、事前提供情報と異なる低質の食事が提供された場合、払い戻しを行う。
  ホストに対して、器物損壊などが生じた際には保険により対応することとする。
  ② 細部対応を講じる。小さな子どもがいるゲストの状況を考慮し、キャンセル料を無料とすることができる設定を設ける。
  また、小さな子どもがいるゲストに対してはキャンセルポリシーも前日までではなく、当日も数時間前まで設定することをスタンダード化するなどの対応を行う。
  ③ 試用を充実させる。家庭で食卓を囲むという場合、知人ではない人の家庭に足を踏み入れることはハードルが高い。
  このため、プラットフォーム主催の体験イベントを全国各地で実施することで体験価値を伝達するとともに、
  会場で顔の見える関係を創り出し、参加ハードルを低下させる。
  ④ コミュニティを形成する。食卓参加予定のゲスト同士とホストは事前にコミュニケーションを図り、サイバー上での顔見知りになってもらい、
  また1度食卓を囲んだホスト・ゲストはその後SNS上でグループをつくり、継続的にチャットコミュニケーションを展開するサービスを設けることで
  利用ハードルを段階的に下げる。

- ゲストの状態に合わせて食卓に参加しやすくするために、2つの施策を設ける。
  ① コンシェルジュサービスを行う。手始めに、インターネットを使うことができない世帯向けにフリーダイヤルでの予約代理サービスを展開し、
  以後ゲストの状態を解析し、拡充させる。
  ② カスタマイズサービスを行う。手始めに、乳幼児の家庭向けに保育士資格をもつサービススタッフを派遣する。

- サービス利用のインセンティブを設けるためにロイヤリティ施策を講じる。
  受け入れ回数が一定数に達し、かつ質が担保されている場合、公式な食卓として認定し告知を展開する。

サービス設計ワーク②(記入用)

具体的内容

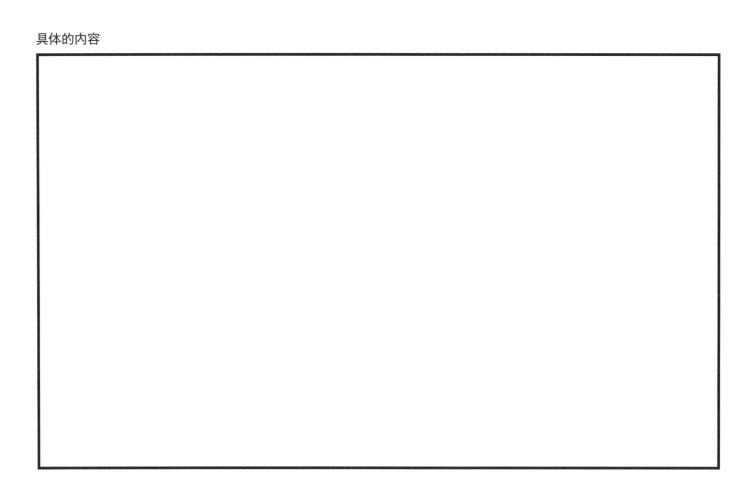

LESSON8 デリバリーモデルを創る

LESSON8　デリバリーモデルを創る

02 チャネルを設計する
7つの型からどれを適用するか

　チャネルは、ユーザーが手に取りやすくするための仕掛けです。

　ユーザーにプロダクトを届ける最適なルートを設計することが、チャネル設計の目的です。

　チャネルにはすでに開発された多様な手法があり、その手法を参考にし、その上で自身独自のチャネルを設計していくことが早道です。

　チャネルは、創られた商品がユーザーのところに到着するために乗る乗り物だと思ってください。

　どんな乗り物に乗せてあげることが最も多くのユーザーに届けることにつながるでしょうか。

　自分で運ぶよりも、トラックのほうがいいかもしれません。自分のトラックではなく、もっと大きな他の誰かの巨大なトラックに運んでもらったほうがいいかもしれません。

　枠にとらわれず、どのような乗り物が最も多くのユーザーに届けられるのかという感覚で取組んでみてください。

 チャネル構築ワーク

　記入例を参考にしながら、180ページと182ページのシートを記入してみましょう。記入の際のポイントは次の3点です。

①ベースとなるチャネルを検討する

　まず、創り出したプロダクトをユーザーに届けるルートを検討します。単一のルートではなく多様なルートを検討します。

②チャネルモデルの適用有無を検討する

　①で検討したチャネルを基盤として、98ページで紹介した7つのチャネルを参照し、自身の事業に取り込めないかを検討します。

③チャネルモデルをまとめる

　①と②の検討結果を踏まえて自身の事業のチャネルを整理、設計します。

チャネル構築ワーク①（記入例）

モデル	内容	適用有無	適用内容
① ダイレクト	中間事業者を挟まずに直接エンドユーザーに届ける。	×	
② エージェント	エンドユーザーへの認知度、ネットワークが薄い場合、直接届ける効率が悪い場合など、効率よく届けられるリソースをもつパートナーに販売を依頼することが有効。	○	地域のスーパー、食品専門店などの食関連店舗と提携し、本サービスを紹介してもらう。代わりにプラットフォーム上での店舗紹介を行う。
③ 価値体感	プロダクトの価値にユーザーが触れ、価値を実感することができる仕掛け。アップルストア、スターバックスなど。	○	収益安定化後となるが、全国主要都市部に家庭の味を通じて顔見知りの関係を創り出す店舗を展開。
④ 基地局	プロダクトの価値を伝えるための象徴となる店舗。ナイキストア、ネスプレッソブティックなど。	○	東京都郊外に複数的店舗を構え、そこで食卓提供、人と人とがフラットに結びつくための関係づくりイベント、セッションを展開。
⑤ オンデマンド	必要なときに、必要な場所で必要なカタチに変換して手に入れることができる。	○	評価の高い食卓をパッケージ化し、自由に組み合わせて入手可能なサービスを展開。
⑥ オムニチャネル	複数のチャネルを組み合わせて一連の経験を提供する。チャネルが個々独立、バラバラに存在するのではなく相互に関連づけてユーザーからみて一連の経験提供となっている。	○	③・④の店舗型のチャネルによって広く価値を訴えかけ、また②によって身近なチャネルからの紹介により安心感を創り出し、インターネットでのシンプルな操作によってハードルを下げ、利用につなげる。
⑦ クロスセル	複数のプロダクトを組み合わせることで価値を拡大し、豊かな経験を提供。	○	子育て家庭向け商品、子育て家庭向けの子育てスキル向上サービスなどを併せて提供。
⑧ その他	※独自に考案。		

チャネル構築ワーク①(記入用)

モデル	内容	適用有無	適用内容
① ダイレクト	中間事業者を挟まずに直接エンドユーザーに届ける。		
② エージェント	エンドユーザーへの認知度、ネットワークが薄い場合、直接届ける効率が悪い場合など、効率よく届けられるリソースをもつパートナーに販売を依頼することが有効。		
③ 価値体感	プロダクトの価値にユーザーが触れ、価値を実感することができる仕掛け。アップルストア、スターバックスなど。		
④ 基地局	プロダクトの価値を伝えるための象徴となる店舗。ナイキストア、ネスプレッソブティックなど。		
⑤ オンデマンド	必要なときに、必要な場所で必要なカタチに変換して手に入れることができる。		
⑥ オムニチャネル	複数のチャネルを組み合わせて一連の経験を提供する。チャネルが個々独立、バラバラに存在するのではなく相互に関連づけてユーザーからみて一連の経験提供となっている。		
⑦ クロスセル	複数のプロダクトを組み合わせることで価値を拡大し、豊かな経験を提供。		
⑧ その他	※独自に考案。		

チャネル構築ワーク②（記入例）

具体的内容

- 広く価値を訴えかけるために、2つのチャネルを設ける。
  ① 価値体感施策。収益安定化後となるが、全国主要都市部に家庭の味を通じて顔見知りの関係を創り出す店舗を展開する。
  ② 基地局施策。東京都郊外に旗艦的店舗をかまえ、そこで食卓提供、人と人とがフラットに結びつくための関係づくりイベント、セッションを展開し、得ていただきたい経験のすべてを1カ所で追体験してもらう。

- 顔見知りからの紹介による安心感を創り出すために、パートナー代理販売を展開する。
  地域のスーパー、食品専門店などの食関連店舗と提携し、サービスを紹介してもらう。
  代わりにプラットフォーム上での店舗紹介を行う。

- ゲストの状態に合わせた経験を創り出すために、2つのチャネルを設ける。
  ① オンデマンド施策。評価の高い食卓をパッケージ化し、自由に組み合わせて入手可能なサービスを展開することで、食卓に実際に参加できない場合も、囲まれた食卓を追体験できる。
  ② クロスセル施策。子育て家庭向け商品、子育て家庭向けの子育てスキル向上サービスなどを合わせて提供することで、ゲストに必要な経験をコーディネートして提供する。

- 上記の各チャネルを食卓で最高の経験を得るために統合的にデザインし、オムニチャネル化する。

チャネル構築ワーク②(記入用)

具体的内容

LESSON8 デリバリーモデルを創る

03 プロモーションを設計する
3つの型からどれを適用するか

プロモーションは、ユーザーに存在認知を促し、価値を適正に伝達する手法です。

プロモーション手法は多様です。

すでに開発された多様な手法や事例を参考にしながら、その上で自身独自のプロモーションを設計していきましょう。

プロモーションの手法は千差万別であり、それだけで何冊も本が書けてしまいます。

個々の手法に入る前に、大前提として大事にしていただきたいのは、ポジショニングという観点です。

提供している商品が唯一無二であるからこそ、ユーザーは他のモノではなく、あなたが提供している商品を選択するのです。

何が唯一無二なのか、あらためて明確にした上でプロモーションの設計を行いましょう。

 プロモーション構築ワーク

記入例を参考にしながら、185ページと187ページのシートを記入してみましょう。記入の際のポイントは次の3点です。

① ベースとなるプロモーション法を検討する

まず、創り出したプロダクトに対するユーザーに存在認知を促し、価値を適正に伝達する手法を検討します。

② プロモーションモデルの構築ワーク適用有無を検討する

①で検討したプロモーション法を基盤として、101ページで紹介した3つのプロモーション法を参照し、自身の事業に取り込めないかを検討します。

③ プロモーションモデルをまとめる

①と②の検討結果を踏まえて自身の事業のプロモーション法を整理、設計します。

プロモーション構築ワーク①（記入例）

モデル	内容	適用有無	適用内容
① マスプロモーション	大衆に対して一気呵成に価値を訴求する手法。対象者が幅広い、汎用品であるなど大衆に働きかけることが有効な場合に適用。テレビCM、新聞広告など。	○	非都市部は大衆紙ではなくローカル新聞が読まれる傾向にあるため、各地域で体験イベントを実施し、新聞取材からの記事掲載という流れをつくる。
② 個別プロモーション	指定された対象者に対して限定して価値を訴求する手法。個別具体的な対象者に働きかけることが必要な場合に適用。DM、ネット広告など。	○	子育て家庭、特に子どもが小さい家庭への認知を拡大するために、子育て支援施設への告知依頼を行う。子育て世帯が利用する、子ども関連商品、サービスを販売する拠点への告知依頼を行う。
③ トライアル	サンプリング、モニタリングなど、ユーザーに使用してもらうことで価値を感じてもらう。	○	全国各地で体験イベントを実施し、価値を実感していただくとともに、地域での顔見知りを増やしていただく。
④ その他	※独自に考案。		

プロモーション構築ワーク①（記入用）

モデル	内容	適用有無	適用内容
① マスプロモーション	大衆に対して一気呵成に価値を訴求する手法。対象者が幅広い、汎用品であるなど大衆に働きかけることが有効な場合に適用。テレビCM、新聞広告など。		
② 個別プロモーション	指定された対象者に対して限定して価値を訴求する手法。個別具体的な対象者に働きかけることが必要な場合に適用。DM、ネット広告など。		
③ トライアル	サンプリング、モニタリングなど、ユーザーに使用してもらうことで価値を感じてもらう。		
④ その他	※独自に考案。		

プロモーション構築ワーク②（記入例）

具体的内容

- 提供商品が低マージンであり収益圧迫を避けるため、プロモーションはコストをかけない方策を展開する。

- マスプロモーションとして、非都市部は大衆紙ではなくローカル新聞が読まれる傾向にあるため、各地域で体験イベントを実施し、新聞取材からの記事掲載という流れをつくる。

- 個別プロモーションとして、子育て家庭、特に子どもが小さい家庭への認知を拡大するために、子育て支援施設への告知依頼を行う。子育て世帯が利用する、子ども関連商品、サービスを販売する拠点への告知依頼を行う。

- トライアル型として、全国各地で体験イベントを実施し、価値を実感していただくとともに、地域での顔見知りを増やしていただくこととする。

プロモーション構築ワーク②（記入用）

具体的内容

LESSON8 デリバリーモデルを創る

LESSON8　デリバリーモデルを創る

04 リテンションを設計する
4つの型からどれを適用するか

　リテンションとは、ユーザーがプロダクトやサービスを継続的に利用し価値を感じてもらうための「繰り返し利用」のための仕掛けです。

　すでに開発された多様な手法や事例を参考にしながら、その上で自身独自のリテンション策を設計していきましょう。

　あなたに1つ質問をします。

　「商品が素晴らしいものであれば、ユーザーは何もしなくても使い続けてくれますか？」

　私の答えは明快です。NOです。

　どんな素晴らしい商品であっても、必ずユーザーは一定期間を経ると"飽き"てしまいます。

　ユーザーの嗜好は移ろいやすく、上下左右に大きく早く変化します。大切な人には、プレゼントをする、出張からの帰りにお土産を持ち帰る、旅行に行く、真剣に向き合うなど、関係を維持発展させるためにいろいろな努力をしますよね。

　その感覚を商品においてももってみてください。長く関係を築くために、考えられる工夫をしていきましょう。

 リテンション構築ワーク

　記入例を参考にしながら、190ページと192ページのシートを記入してみましょう。記入の際のポイントは次の3点です。

①ベースとなるリテンション法を検討する

　まず、創り出したプロダクトに対してユーザーに継続的に利用し価値を感じてもらうための手法を検討します。

②リテンションモデルの適用有無を検討する

　①で検討したリテンション法を基盤として、105ページで紹介した4つのリテンション法を参照し、自身の事業に取り込めないかを検討します。

③リテンションモデルをまとめる

　①と②の検討結果を踏まえて自身の事業のリテンション法を整理、設計します。

リテンション構築ワーク①（記入例）

モデル	内容	適用有無	適用内容
① ステータス付与	利用状況によって公（おおやけ）の承認を与え、承認を求めてプロダクト、サービスを繰り返し利用してもらうための仕掛け。	○	・ゲストに対して、参加した食卓の地図情報と連動し、ソーシャルグラフ（構築された社会関係）をビジュアルで示し、関係が広がっている状態を可視化。 ・ホストに対して、受け入れ回数が一定数に達し、かつ質が担保されている場合、公式な食卓として認定。
② パーソナルアシスタンス	ユーザーへの個別サポートを行うことによりユーザーの満足度を高め、繰り返し利用につなげる仕掛け。	○	・ホストに対して、受け入れガイドを提供し、不安点に対してはゲストサポートサービスが細かく対応を行うことで、初期の負担による離反を防ぐ。
③ コミュニティ形成	ユーザー同士でのコミュニケーションを促進し、ユーザー同士の関係性に魅力を感じてサービスに対して繰り返し接点をもつ、使い続ける仕掛け。サービス内SNSなど。	○	一度食卓を囲んだホスト・ゲストはその後SNS上でグループを組成し継続的にチャットコミュニケーションを展開するサービスを設ける。
④ 共同作業	ユーザーがビジネスプロセスに関与することで受け身ではない主体的な関わり方を創り出し、主体者としての魅力を感じてもらう仕掛け。	○	ゲストから、「あったらいい食卓（料理など）」への意見を集め、投票が一定以上に達した場合、ホストへの依頼、プラットフォーム主催の食卓に反映する。
⑤ その他	※独自に考案。		

リテンション構築ワーク①(記入用)

モデル	内容	適用有無	適用内容
① ステータス付与	利用状況によって公(おおやけ)の承認を与え、承認を求めてプロダクト、サービスを繰り返し利用してもらうための仕掛け。		
② パーソナルアシスタンス	ユーザーへの個別サポートを行うことによりユーザーの満足度を高め、繰り返し利用につなげる仕掛け。		
③ コミュニティ形成	ユーザー同士でのコミュニケーションを促進し、ユーザー同士の関係性に魅力を感じてサービスに対して繰り返し接点をもつ、使い続ける仕掛け。サービス内SNSなど。		
④ 共同作業	ユーザーがビジネスプロセスに関与することで受け身ではない主体的な関わり方を創り出し、主体者としての魅力を感じてもらう仕掛け。		
⑤ その他	※独自に考案。		

具体的内容

- 離反防止策として、2つの施策を設ける。
  ① パーソナルアシスタンス。ホストに対して、受け入れガイドを提供し、
     不安点に対してはゲストサポートサービスが細かく対応を行うことで、初期の負担による離反を防ぐ。
  ② コミュニティ形成。一度食卓を囲んだホスト・ゲストはその後SNS上でグループを組成し
     継続的にチャットコミュニケーションを展開するサービスを設けることで離反を防ぐ。

- 本サービスへのロイヤリティを高めるために、2つの施策を設ける。
  ① ステータス付与を行う。ゲストに対して、参加した食卓の地図情報と連動し、ソーシャルグラフ（構築された社会関係）をビジュアルで示し、
     関係が広がっている状態を可視化することで、関係性が多様であることを対外的に示すことができる。
     ホストに対しては、受け入れ回数が一定数に達し、かつ質が担保されている場合、公式な食卓として認定する。
  ② 共同作業を取り入れる。ゲストから、「あったらいい食卓（料理など）」への意見を集め、投票が一定以上に達した場合、
     ホストへの依頼、プラットフォーム主催の食卓に反映する。

リテンション構築ワーク②(記入用)

具体的内容

LESSON9 キュレーションモデルを創る

01 ビジネスプロセスを設計する

6つの型からどれを適用するか

　ビジネスプロセスは、研究開発や企画といった上流工程から、最終ユーザーに届ける流通やサービスという下流工程までの一連の流れにおいて、ユーザーにとって価値を感じられる工夫を検討します。

　なぜビジネスプロセスの型を検討する必要があるのでしょうか。

　理由は、ビジネスプロセスの型を知り、適用可能性を検討しておかなければ、今までのやり方を確実に踏襲することになるからです。

　人や組織には、その人や組織に特有の物事の進め方が染みついています。

　しかしみなさんは、新しいアイデアを創り、新しいデリバリーを行おうとしていますよね。それに対して、ビジネスプロセスが今までのものままでは、うまくいかないことは明白ですね。

　今までにない新しいビジネスを、プロセスの面からも支えていきましょう。

> **ビジネスプロセス構築ワーク**
>
> 　記入例を参考にしながら、195ページと197ページのシートを記入してみましょう。記入の際のポイントは次の3点です。
>
> ①ベースとなるビジネスプロセスを検討する
>
> 　まず、創り出したプロダクトに対してユーザーに届けるために必要なビジネスプロセスを検討します。
>
> ②ビジネスプロセスモデルの適用有無を検討する
>
> 　①で検討したビジネスプロセスを基盤として、110ページで紹介した6つのビジネスプロセスモデルを参照し、自身の事業に取り込めないかを検討します。
>
> ③ビジネスプロセスモデルをまとめる
>
> 　①と②の検討結果を踏まえて自身のビジネスプロセスを整理、設計します。

ビジネスプロセス構築ワーク①（記入例）

モデル	内容	適用有無	適用内容
① 標準化	事業を行う流れ、工程を、個々の組織で特殊な個別性の高いものとするのではなく、先端的な流れ、工程を基準として一般化を図る。	○	予約サービスプラットフォーム、決済サービスプラットフォームは既製品を用いることで、業務プロセスの標準化を図る。
② BPR	既存の業務内容や業務工程、ルールなどを全面的に見直し、再設計（リエンジニアリング）する。	×	
③ 自動化	事業・業務の流れ、工程のうち、自動生成できるモデルと人手で行うモデルを切り分け、自動生成できるモデルは（別のモデルから）自動的に生成できるようにする。	×	
④ クラウドソーシング	組織ではなく、不特定多数の個人に業務を委託・依頼するという形態。	○	全国に存在する保育士、学生と連携する。保育士の方々は乳幼児家庭での食卓実施へのサポートに、学生は食卓でのコミュニケーションサポートに、一定のレッスンを受けた上で参画していただく。
⑤ LEAN	ユーザーとの接点を起点としてスピーディに仮説検証を繰り返す事業推進方法。素早く創ってはマーケットの反応を見て軌道修正を図る。	○	家の中に上がり込んで提供されるサービスであるため、ゲスト・ホストの双方からさまざまな要望が想定されるため、クイックに要望に対応してサービス改善を行う。
⑥ ユーザー巻き込み	ユーザーが開発、企画、生産などに参画することでユーザーの視点や提供者がもちえないノウハウを取り込む。	○	ホスト経験者による新規参画ホストをサポートするホストサポートクラブを組成し、地域内のホスト経験者が新規参画ホストが実施する食卓をサポートに行く。
⑦ その他	※独自に考案。		

ビジネスプロセス構築ワーク①（記入用）

モデル	内容	適用有無	適用内容
① 標準化	事業を行う流れ、工程を、個々の組織で特殊な個別性の高いものとするのではなく、先端的な流れ、工程を基準として一般化を図る。		
② BPR	既存の業務内容や業務工程、ルールなどを全面的に見直し、再設計（リエンジニアリング）する。		
③ 自動化	事業・業務の流れ、工程のうち、自動生成できるモデルと人手で行うモデルを切り分け、自動生成できるモデルは（別のモデルから）自動的に生成できるようにする。		
④ クラウドソーシング	組織ではなく、不特定多数の個人に業務を委託・依頼するという形態。		
⑤ LEAN	ユーザーとの接点を起点としてスピーディに仮説検証を繰り返す事業推進方法。素早く創ってはマーケットの反応を見て軌道修正を図る。		
⑥ ユーザー巻き込み	ユーザーが開発、企画、生産などに参画することでユーザーの視点や提供者がもちえないノウハウを取り込む。		
⑦ その他	※独自に考案。		

具体的内容

- 業務プロセスの精度向上及びコストダウンに向けて、標準化を行う。
  標準化を図る対象は、予約サービスプラットフォーム、決済サービスプラットフォームであり、
  既製品を用いることで、システム開発へのリソースを割くことを避け、企画およびサービスに集中する。

- リソースが十分でない現状を踏まえて、2つの施策を講じる。
  ① クラウドソーシングを用いる。全国に存在する保育士、学生と連携する。
    保育士の方々は乳幼児家庭での食卓実施へのサポートに、学生は食卓でのコミュニケーションサポートに、
    一定のレッスンを受けた上で参画していただくことで、サービス供給量およびクオリティを向上させる。
  ② ユーザー巻き込みを用いる。ホスト経験者による新規参画ホストをサポートするホストサポートクラブを組成し、
    地域内のホスト経験者が新規参画ホストが実施する食卓をサポートに行くことで、プラットフォームとしてのサービスクオリティ拡大を図る。

- テストを繰り返してもなおリアルなマーケットでの反応が最大の学びとなるため、
  リリース後こそクイックに改善を繰り返すLEAN方式で取り組む。
  具体的には、家の中に上がり込んで提供されるサービスであるため、
  ゲスト・ホストの双方からさまざまな要望が想定されるため、クイックに要望に対応してサービス改善を行う。

ビジネスプロセス構築ワーク②（記入用）

具体的内容

LESSON9　キュレーションモデルを創る

02 ｜ 自社リソースを設計する
4つの型からどれを適用するか

　価値の源泉であったり、他社には提供できないリソースは自社でもつことになります。
　どのようなリソースを自社で生み育てるのかを明確化します。
　トップアスリートは、なぜトップアスリートでいることができるのでしょうか。それは、自身がなすべきことに集中できる環境をつくっているからです。
　トップアスリートは、練習中に「今日の晩ご飯は何にしようか」などとは一切考えません。今この瞬間にパフォーマンスを出すことだけに集中します。それ以外のことは手放すことで、パフォーマンスに集中します。
　みなさんは、ビジネスの世界でのトップを目指しているはずですね。ですから、この考え方をリソースの観点に応用してみます。
　自社はどのリソースに集中すべきでしょうか。何を鍛え上げるべきでしょうか。
　安易にリソースをもつことは、パフォーマンスへの集中の邪魔・荷物になります。
　リソースの磨き上げに取り組みましょう。

> **自社リソース構築ワーク**
>
> 　記入例を参考にしながら、200ページと202ページのシートを記入してみましょう。記入の際のポイントは次の3点です。
> ①ベースとなる自社リソースを検討する
> 　まず、創り出したプロダクトに対してユーザーに届けるために必要な自社リソースを検討します。
> ②自社リソースモデルの適用有無を検討する
> 　①で検討した自社リソースを基盤として、113ページで紹介した4つのリソースを参照し、自身の事業に取り込めないかを検討します。
> ③自社リソースモデルをまとめる
> 　①と②の検討結果を踏まえて自身の事業のリソースを整理、設計します。

自社リソース構築ワーク①(記入例)

モデル	内容	適用有無	適用内容
① 人的資産	どのような知識、スキルをもつ人材を確保し、育成し、活用するのか。	○	特に必要な人材は、地域でのネットワーク形成ができる営業人材、システム開発・運用ができるエンジニア、利用データ解析および仮説構築ができるデータアナリストが求められる。スキル特化型採用プラットフォームを活用して早期確保を図る。
② 知的財産	どのような知的財産をもち、活用するのか。 特許、知的所有権、データベースなど。	○	ホスト・ゲストの購買履歴、問い合わせなどの行動履歴、属性データなどのデータベース。履歴に基づくサービス・商品提案を展開。
③ 技術資産	どのような技術を開発、保持するのか。 独自の技術を用いて革新を実現する方策は何か。	○	人々が初対面の人とどのようにして心を通わせるのかという点についての脳科学・神経科学を用いたフレームワークを構築し、サービス導線に活用。
④ ブランド	ブランドをどのように育て、活用するのか。	○	地域の家庭同士が食を通じてフラットにつながるための基盤装置としての位置づけを各地域で浸透させる。そのためにゲストとホストの関係づくりを促進する施策をきめ細かく実施し、期待と実態のギャップを埋め続ける。
⑤ その他	※独自に考案。		

自社リソース構築ワーク①(記入用)

モデル	内容	適用有無	適用内容
① 人的資産	どのような知識、スキルをもつ人材を確保し、育成し、活用するのか。		
② 知的財産	どのような知的財産をもち、活用するのか。 特許、知的所有権、データベースなど。		
③ 技術資産	どのような技術を開発、保持するのか。 独自の技術を用いて革新を実現する方策は何か。		
④ ブランド	ブランドをどのように育て、活用するのか。		
⑤ その他	※独自に考案。		

自社リソース構築ワーク②（記入例）

具体的内容

- 人材は、創業期のメンバーでは十分でない、次の3つのタイプの人材を早期確保する。
  - 特に必要な人材は、地域でのネットワーク形成ができる営業人材、システム開発・運用ができるエンジニア
  - 利用データ解析および仮説構築ができるデータアナリスト
    これらの人材を、スキル特化型採用プラットフォームを活用して早期確保を図る。

- 知的財産は、ホスト・ゲストの購買履歴、問い合わせなどの行動履歴、
  属性データなどのデータベースを構築し、履歴に基づくサービス・商品提案を展開する。

- 技術は、ソフト面での技術向上を図る。
  具体的には、人々が初対面の人とどのようにして心を通わせるのかという点についての脳科学・神経科学を用いた
  フレームワークを構築し、サービス導線に活用する。このことで、食を介して人と人とが対面するだけでなく、
  深い相互理解を果たすことにつなげる。

- ブランドは、地域の家庭同士が食を通じてフラットにつながるための基盤装置としての位置づけを各地域で浸透させる。
  そのためにゲストとホストの関係づくりを促進する施策をきめ細かく実施し、期待と実態のギャップを埋め続ける。

自社リソース構築ワーク②（記入用）

具体的内容

LESSON9　キュレーションモデルを創る

03 ｜ パートナーを設計する
5つの型からどれを適用するか

　自社ではできないこと、自社より得意なプレーヤーがいる場合は、組んでいくことができます。
　このような、価値を創るために協働する相手である「パートナー」を検討します。
　リソースの検討では、自身が集中すべきパフォーマンスは何かを掘り下げることが大事だと申し上げました。
　一方で、自身が集中すべきもの以外は、他者に委ねることが必要です。委ねなければ、自身で抱えることになり、集中すべきものに集中できなくなります。
　自身が集中すべきものに集中するために、誰に何を委ねるべきなのかを検討します。
　誰に近くにいてもらうのか（合併・M&A）、誰に少し遠くからサポートしてもらうのか（アライアンス）、敵であっても学びを得るのか（競合連携）、広く協働するという方法はありえるのか（コネクト&イノベーション）、これらを検討しましょう。

> **パートナー構築ワーク**
>
> 　記入例を参考にしながら、205ページと207ページのシートを記入してみましょう。記入の際のポイントは次の3点です。
> ①ベースとなるパートナーを検討する
> 　まず、創り出したプロダクトに対してユーザーに届けるために必要なパートナーを検討します。
> ②パートナーモデル適用有無を検討する
> 　①で検討したパートナーを基盤として、115ページで紹介した4つのパートナーモデルを参照し、自身の事業に取り込めないかを検討します。
> ③パートナーモデルをまとめる
> 　①と②の検討結果を踏まえて自身のパートナーを整理、設計します。

パートナー構築ワーク①(記入例)

モデル	内容	適用有無	相手	適用内容
① M&A	複数の会社が契約によって1つの会社になる場合、他の会社を買う場合(株式を取得して資本参加する、事業譲渡を受けるなど)がある。	×		
② アライアンス	提携による事業開発。	○	A社 (地域スーパー)	地域スーパーと提携し、地域の旬の食材を用いた食卓を開発し、食材の提供を受ける。
③ 競合連携	競合となるテーマ、領域においては組むことでマーケットを拡大。	○	B社 (地域の飲食店)	外食ではあるが他者の家庭での食事であるため地域飲食店にとっては競合となるが、地域飲食店を拠点としたオープンスペースでの食卓開催を行うという提携に取り組む。
④ コネクト&イノベーション	社外のリソースを巻き込み、自社だけではできない革新を実現。	○	C大学 (地域の大学の農業系学部)	地域の大学の農業系学部と提携し、食卓を食育の観点から開発。
⑤ その他	※独自に考案。			

パートナー構築ワーク①（記入用）

モデル	内容	適用有無	相手	適用内容
① M&A	複数の会社が契約によって1つの会社になる場合、他の会社を買う場合（株式を取得して資本参加する、事業譲渡を受けるなど）がある。			
② アライアンス	提携による事業開発。			
③ 競合連携	競合となるテーマ、領域においては組むことでマーケットを拡大。			
④ コネクト＆イノベーション	社外のリソースを巻き込み、自社だけではできない革新を実現。			
⑤ その他	※独自に考案。			

パートナー構築ワーク②（記入例）

具体的内容

- 外部のリソースと連携することで、自社のサービスのクオリティ向上、量的拡大を図る。
  ① アライアンスを用いる。地域スーパーと提携し、地域の旬の食材を用いた食卓を開発し、食材の提供を受ける。
  ② コネクト＆イノベーションを用いる。
    地域の大学の農業系学部と提携し、食卓を食育の観点から開発し、提供することで、家庭の食事事情の改善につなげることもできる。

- 競合とも連携することで、win-winの関係を構築する。
  他者の家庭での食事（外食）であるため地域飲食店にとっては競合となるが、
  地域飲食店を拠点としたオープンスペースでの食卓開催を行うという提携に取り組む。

パートナー構築ワーク②（記入用）

具体的内容

LESSON10 ビジネスモデルの全体像を描く

01 ビジネスモデルを完成させる
全体を描き、矛盾を解消し、完成させる

最終ステップです。LESSON1～5で完成させたアイデアと、LESSON6～9で完成させたビジネスモデルを、210ページに記載しているビジネスモデルシートを用いて、その全体像をシンプルに整理します。

全体像を整理してみると、相互に矛盾している、整合性がとれない箇所があるかもしれません。

いったん整理してみた上で、全体を見渡してみましょう。

そこで「このモデルで収益をあげるのであれば、このチャネルは採用しがたいはず」「このターゲットであれば、このプロモーションはずれている」など、個々にはしっかり検討していたはずですが、全体を俯瞰してみるとあらためて矛盾点が見つかるものです。

その矛盾点を踏まえ、矛盾解消に向けてそれぞれのLESSONに戻り、再検討してみましょう。

再検討した後に、あらためてビジネスモデルシートを1枚でまとめてみましょう。

 ビジネスモデルシート

①ビジネスモデルシートに記載する
　まず、記入例を参考にしながら、210ページのビジネスモデルシートの枠組みに沿って、これまで検討してきた内容を整理します。
②矛盾点を見つける
　ビジネスモデルシートに記載した要素が相互に矛盾していないかどうかを確認します。
③矛盾点を解消する
　②で発見された矛盾点を解消するために、個々のLESSONに戻り、再検討します。
④ビジネスモデルシートを修正する
　あらためてビジネスモデルシートを書き直します。

ビジネスモデルシート（記入例）

ターゲットと目的・プロダクト

ターゲット
- 食事準備に負担を感じる世帯。
- 地域での知り合いを増やしたい世帯／地域に知り合いが少ない世帯。

目的
家庭に閉じて孤立した状態を、社会的属性や血縁の人間関係を超えたつながりを創り出すことで回避したい。

プロダクト
地域内で、ワンコイン（500円）で食卓提供者（ホスト。家にゲストを招く側）とゲストをマッチングするweb・アプリサービス。
地図や近い属性、趣味などに応じてホストを検索し、子どもの事情によるキャンセルも直前まで可能とするなどの配慮も想定。

プロフィットモデル

具体的な説明

第三者課金、ピラミッド、マージンミックス、マルチチャネル、会員クローズド取引。

- ピラミッドモデルを採用し、郷土料理や手の込んだ料理などは別枠として価格帯を1人1000円から2000円の範囲で設定することで高収益化を図る。
- マルチチャネルモデルを採用し、地域を超えたつながりを求めるゲスト向けに、プラットフォームが主催する大規模な会場を用いて1000円程度の提供で拡大した囲み型食卓を実施。
- マージンミックスモデルを採用し、食卓への参加費用としてのワンコイン以外に、ホストが提供する料理用にワンコイン以内でつくれる食事パッケージを販売。
- 毎月3000円で家族2人まで4回まで利用可能として会員クローズド取引を採用し、単発での取引以外の収益元を確保し、収益を安定化させる。
- ホスト・ゲスト以外からの収益として、地域の飲食店、食材関連商店、イベント関連事業者からの広告・商品販売代行収入を得ることで収益を拡大させる。

デリバリーモデル

サービス
ゲストが食卓に参加しやすくするために、保証、細部対応、試用を充実させる。この他、コンシェルジュ、カスタマイズ、コミュニティ形成、ロイヤリティ施策を講じる。

チャネル
価値訴求に向けて価値体感施策、基地局施策、パートナー代理販売を展開する。オンデマンド施策、クロスセル施策を行い、これらをオムニチャネル化する。

プロモーション
- 各地域で体験イベントを実施。
- 子育て支援施設、子ども関連商品・サービスを販売する拠点への告知依頼を行う。

リテンション
- 離反防止策として、パーソナルアシスタンス、コミュニティ形成を行う。
- ロイヤリティを高めるために、ステータス付与、共同作業を取り入れる。

キュレーションモデル

ビジネスプロセス
- 予約サービスプラットフォーム、決済サービスプラットフォームを利用し標準化を図る。
- リソースが十分でない現状を踏まえて、クラウドソーシング、ユーザー巻き込みを用いる。
- リリース後こそクイックに改善を繰り返すLEAN方式で取り組む。

リソース
- 人材は、営業人材、エンジニア、データアナリストを早期確保。
- 知的財産は、データベースを構築し、履歴に基づくサービス・商品提案を展開。
- 技術は、ソフト面での技術向上を図る（具体的には人と人との関係構築面）。
- ブランドは、地域の家庭同士が食を通じてフラットにつながるための基盤装置としての位置づけを各地域に浸透させる。

ネットワーク（パートナー）
- 外部のリソースと連携することで、自社のサービスのクオリティ向上、量的拡大を図るため、アライアンス、コネクト＆イノベーションを用いる。
- 地域飲食店とも連携することで、win-winの関係を構築する。

ビジネスモデルシート（記入用）

ターゲットと目的・プロダクト

ターゲット

目的

プロダクト

プロフィットモデル

具体的な説明

デリバリーモデル

サービス

チャネル

プロモーション

リテンション

キュレーションモデル

ビジネスプロセス

リソース

ネットワーク（パートナー）

おわりに

　本書では、アイデアの創り方についてそのひとつのアプローチをお伝えしました。
　誤解を恐れずにいうと、アイデアの創り方は、心のもち方、言い換えるとマインドセットによって、うまく使いこなせるかどうかが左右されます。
　最後にこのことについて触れておきたいと思います。

　マインドセットがなぜ大事か。それは、考える前にマインドセットは結果に影響を与えてしまうからです。
　例えば、実現困難な目的を前にして「無理かもしれない」と思ってしまったとします。こう思った時点で、どのような思考法を用いたとしても目的実現は困難です。
　本書では統合的な思考について触れましたが、統合的な思考とは、混ざりにくいものを混ぜることによって新たな価値を生む思考法です。この思考法は、複数の要素を前にして「混ざらないかもしれない」と思った時点で、混ぜることは難しくなってしまいます。

　アイデアを創り出す方法論を機能させるために、併せて意識しておきたいマインドセットについてお伝えします。

今までのパターンを消す

　トップアスリートのひとつの条件はパターンを消すことだといわれます。
　これは、例えばサッカーであれば「どうしてあそこのポジションにいたのだろうか」とゴールを決めた際にいわれるアタッカーがもつ特性です。
　古くは元サッカー日本代表の武田修宏選手が典型です。「ごっつぁんゴール」と呼ばれ、「たまたまいいところにいたから決められたゴールが多い」といわれますが、私はまったく逆の見方をしています。
　それはパターンがないところにいるのです。パターンがないところで勝負しているので選択肢が無限にあり、相手にはパターンのデータがないため動きが読めないのです。だから、ゴールを決められるのです。
　アイデアを創り出すことに話を戻します。アイデアとは要素と要素の新しい組み合わせです。
　新しい組み合わせを生むためには、今までの組み合わせのパターンを消すことが大切になります。

　ひとつ例題を出しますね。
　「あなたは地上20メートルの橋の上にいましたが、両端が通行止めになってしまい、立ち往生してしまいました。ティッシュを使って下に降

りることはできるでしょうか」

みなさん、どう答えましたか？
私が考えたアイデアです。
「細長く強度のあるティッシュを用い、こより状にし、20メートルの長さまでにして、つたって下に降りる」です。
まったく突飛でいて参考にならない、という人もいるかもしれません。しかし、ティッシュといえば誰もが知るあのティッシュというパターン認識を外して考えてみることで、それまでよりも面白いアイデアが出せるはずです。

カタチにしてはじめてわかる

みなさん、アイデアの語源を知っていますか？
アイデアは、ギリシャ語のイデアからきています。
イデアとは、「見えるもの」という意味をもっていて、「カタチ」になっているもののことを指します。
実際にあった経験を紹介しましょう。私がある企業で、チームで議論していました。アイデアがまとまった後、試しに紙コップ、画用紙、粘土を用いて「なんでもいいのでカタチにしてみてください」とお伝えしました。結果はどうだったでしょうか。見事にそれぞれが似ても似つかないカタチのものをつくり上げていました。そして、それぞれのカタチになったものを手に取って感じられる価値はバラバラでした（多様性に満ちていました！）。

アイデアは、頭の中にあるだけ、文字で表現されているだけではその語源からアイデアとはいえないだけでなく、カタチにしてみてはじめてどのような価値をもっているのかがわかるのです。

カタチにしてはじめて価値がわかります。

そこで、当初目的としていたことに対してアイデアが合致しているのか、どのような点を強化すべきかが見えてくるのです。

"心地よい"ゾーンを超える

みなさんは、何か新しいことをはじめようとするとき、1人では何もできないと感じるとします。
私も1人では小さなことしかできないので、誰かと一緒に取り組みます。
そこで質問です。「どういう人と一緒に取り組もうとしますか？」。
創造的な結果を出そうとする人はどうするでしょうか。それは、「最高のメンバー」と一緒にやろうとします。

最高のメンバーとは、どういう人たちのことでしょうか。それは、自分とは視点や考え方、所属、もっているスキルも異なる、多様性のある人たちです。
　新しいことに取り組むのですから、たくさんの違ったマインドセット、方法をもつ人が欲しいというわけです。
　組織の垣根など気にせず、最高のメンバーを集めようとします。

　一方で、ありがちな展開は「気心の知れたいつものメンバーで取り組もう」です。もちろん気心知れていることで、意思決定が速かったり、衝突がなかったり、よい面はたくさんあります。しかし、見方が狭かったり、スキルも今までのレベルを超えられなかったりします。

　ここでみなさんにお勧めしたいマインドセットがあります。
　それは、一緒にやる人を3つのゾーンで説明するものです。
　ひとつは「心地よいゾーン」です。このゾーンは、先にも説明しましたが、気心の知れたメンバーです。
　もうひとつは「背伸びゾーン」です。自分がそれまで一緒に何かを取り組んだことのない種類の人たちです。所属が違ったり、それまでの経験が違ったり、さまざまな面で自分とは違います。しかし、何らかの共通の目的をもち、大事にしたい価値が共有できるなど、共鳴するためのきっかけをもつメンバーです。
　最後は「混乱ゾーン」です。もっているマインドセットや方法論は素晴らしいのですが、共通点を見出すことができないなど、あまりに多様性がありすぎてまとまることができず、混乱が予想されるメンバーです。

　私のお勧めは、背伸びゾーンと混乱ゾーンのちょうど中間の辺りを狙うことです。
　このことで、多様性をもちながら、方向性を見出していくことができると思います。

「アイデアは否定される」のが当たり前

　みなさん、ミーティングなどでアイデア出しをしているとき、抵抗なく最初にアイデアを出せますか。
　最初に出せる人は、勇気がある人だと思います。
　独創的なアイデアは、他者にすぐには受け入れられません。このため、「誰にも共感してもらえないのではないか」と思う人は独創的なアイデアを思いついたとしても表現ができません。表現しなければ、絵に描いた餅になり、そのアイデアは存在しなかったことになります。

しかし、よく考えてみてください。アイデアとは「要素と要素の新しい組み合わせ」のことです。そもそも「新しい」のです。新しい考えは、人々の認知に揺らぎを与え、混乱を招くため、「理解できる世界」という心地よいゾーンにいる人にとっては排除したい対象なのです。

<mark>私自身は、アイデアを発してすぐに「いいね！」といってもらえた場合、「あぁ、新しさのないアイデアだったんだな」と理解しています（笑）。</mark>

アイデアとは、否定されて当り前だと思ってください。こう思うことで、アイデアを出すときに感じていた遠慮を少しずつなくしていきましょう。

アイデアは育てなければならない

世の中には、優れたアイデアの例がたくさん紹介されています。多くのイノベーティブといわれるアイデアの事例は、そのほとんどが「紹介用にきれいにつくり替えられている」といえます。

<mark>実態はもっともっと泥臭い世界です。</mark>

なぜきれいにはいかないのでしょうか。それは、創り出されたアイデアの段階では、まだまだ改良しなければならないところが多々あるからです。アイデアづくりで終わっては何も生まれません。

人間は、哺乳類の中で最もひとり立ちするのが遅いといわれています。生まれた直後からしばらくは1人では何もできません。しばらくの期間、社会で生きていけるよう、現実社会に適用できるように育てていかなければなりません。

アイデアも同じです。現実にアイデアが効力をもつのは、何度も何度もトライアルし、現実社会でうまく効果を発揮できるように仕上げていかなければなりません。

その過程は泥臭いことの連続です。

このため、「よいアイデアが出せた」という感覚自体に違和感をもてるようになっているかどうか、自問してみてもよいかもしれません。「よいアイデアに後々なっていくかもしれない元となるものが出せた」が近いですね。

以上が、私が最後にお伝えしたかったことです。

方法論とともに、心のもち方にも目を向けてみていただきたいと思います。

ぜひみなさんがアイデア・メーカーとして新たな境地を切り開かれることを願い、筆をおきます。

【資料提供・協力】

- Amazon.co.jp
- Apple Japan 本社
- Dropbox
- Facebook Japan
- Intuit
- Jack Dorsey
- 東日本旅客鉄道（JR東日本）
- KDDI
- Khan Academy
- LEGO Group
- LINE
- Local Motors
- Moff
- SOS-Kinderdorf International
- Tom Steinberg
- アキレス
- あきんどスシロー
- 旭エージェンシー
- アスクル
- イオンモール
- イケア・ジャパン
- エニグモ
- 大塚製薬
- カーブスジャパン
- ガリバーインターナショナル
- ガンホー・オンライン・エンターテイメント
- キッズベースキャンプ
- キュービーネット
- キリン
- ケアプロ
- 合資会社 陸友モータース
- ココナラ
- サイボウズ
- シャープ
- 翔泳社
- スターバックス コーヒー ジャパン
- セールス・オンデマンド
- セキスイハイムクリエイト
- ソニー
- ソニックガーデン
- ダイソン
- ダスキン
- 東京急行電鉄
- 特定非営利活動法人SOS子どもの村JAPAN
- 特定非営利活動法人キャリアクルーズ
- 日本航空
- 日本コカ・コーラ
- 日本マクドナルド
- ネスレネスプレッソ
- バーチャサイズ
- ハーレーダビッドソンジャパン
- プロクター・アンド・ギャンブル・ジャパン
- 星野リゾート
- マルカイコーポレーション
- モスフードサービス
- ヤマト運輸
- ユニクロ
- 吉野家
- ライトウェイプロダクツジャパン
- ライフネット生命保険
- レコチョク
- ロッテ
- ワコール

【著者紹介】

山口 高弘 (Takahiro Yamaguchi)

GOB Incubation Partners(GOB-IP) 代表取締役
キャリア大学パートナー

元プロスポーツ選手、19歳で不動産会社を起業、3年後に事業を売却し大学へ。卒業後、野村総合研究所入社。独立起業支援インキュベータ。企業内起業においても多くの事業立ち上げ、企業の新商品、サービス、事業開発に携わる。2014年、GOB-IPを創業し、現在に至る。

主に0→1および1→10フェーズでのインキュベーション実績が豊富。アパレルメーカーの新ブランド開発（同種カテゴリーで過去最高の売上を記録）、国内最大級情報メディアプラットフォーム戦略アドバイザー、売上約100億円インターネットベンチャー経営者への事業スーパーバイズなど。GOB-IPでは主に若い世代がイノベーションに挑戦するためのマインドセット創り、事業化支援、キャンプ等を実施している。

キャリア大学ではインキュベーションプログラムの開発および学生への事業創出に関わるメンタリングを担う。

前職の野村総合研究所では主にイノベーション創出をテーマに新規事業開発支援を展開。内閣府若者雇用戦略協議会委員など政府委員就任歴多数。

Email:takahiroasa0909@gmail.com

アイデア・メーカー
今までにない発想を生み出しビジネスモデルを設計する教科書&問題集

2015年1月22日　第1刷発行
2015年6月12日　第2刷発行

著　者　　山口高弘
発行者　　山縣裕一郎
発行所　　東洋経済新報社
　　　　　〒103-8345 東京都中央区日本橋本石町1-2-1
　　　　　電話＝東洋経済コールセンター 03-5605-7021
　　　　　http://toyokeizai.net/
装丁・DTP　dig
印刷・製本　図書印刷
編集担当　　黒坂浩一

©2015 Takahiro Yamaguchi
Printed in Japan
ISBN978-4-492-55755-6

本書のコピー、スキャン、デジタル化等の無断複製は、著作権法上での例外である私的利用を除き禁じられています。本書を代行業者等の第三者に依頼してコピー、スキャンやデジタル化することは、たとえ個人や家庭内での利用であっても一切認められておりません。落丁・乱丁本はお取替えいたします。